柳内 隆 著

La Pensée de Foucault

フーコーの思想

ナカニシヤ出版

はじめに

一九八四年六月二十九日の早朝、ピチエ＝サルペトリエール病院の中庭で、その瞬間を数百人の人が待っていた。そのなかにはジョルジュ・カンギレム、ジョルジュ・デュメジル、ポール・ヴェーヌ、ピエール・ブルデュー、あるいはシモーニュ・シニョレやイヴ・モンタンがいた。ミシェル・フーコーの遺体が運び出され、ジル・ドゥルーズが『快楽の活用』の一節を読み上げた。これは、フーコーの葬儀の情景であるが、かれを見送る人々の胸中には、二十世紀を代表する知性が逝ってしまった、という強い思いがあったことは間違いない。

フーコーの人生はディディエ・エリボンの伝記(1)によって、比較的よく分かっている。少しかれの人生の断片を素描してみよう。一九二六年ポアチエで裕福な外科医の長男として生まれ、カソリック系の高等中学校に席をおいた。ファシズムへと向かう時代に、フーコーは戦争の足音をしっかり聞いた一人であった。一九三四年にオーストリアのドルフース首相がナチスに暗殺された事件や、ポアチエへ流入してきたスペインからの多くの難民をみた体験によって、フーコーは「死にかんするわたしの最初のまことに激しい恐怖」を感じ、「戦争の脅威がわれわれの視野、われわれの生活の枠組みそのものでした」ということを実感する。フーコーはこうした歴史的実感から、「わたしは歴史に魅せられ、そして個人的体験と、われわれが取り込まれるこうした出来事との関連に魅せられるのです。これがわたしの理論的欲求の出発点だとわたしは考えます」と述べている。

一九四六年に高等師範学校に入学したが、学生生活は楽しいものではなかった。青春期の憂鬱、同性愛的性癖についての悩み、自殺未遂と物語は続いた。高等師範時代、かれはアルチュセールにであい、その時代の多くの青年がそうしたように、共産党に入党した。しかし、かれは熱心なマルクス主義者とは言いがたかった。どちらかというと、メルロ・ポンティやハイデガー、ニーチェに親近感をおぼえていた。その後の脱党……。

パリのサンタンヌ病院で研修をつむが、そこでは、精神医学の内容よりも、強制や暴力を介しての精神病院の歴史的制度の在り方を体験する。その後、リール大学への赴任を経て、一九六〇年までフーコーは、海外で過ごした。任地はスウェーデン、ポーランド、ドイツであった。フーコー自身の言葉によると「スウェーデンはその当時もっとも自由な国だ」と思っていたが、形式的な自由は、抑圧と同じ規制効果をもつと考えるに至った。また、ポーランドの全体主義的な体制は、何をかいわんやであっただろう。とにかくかれはフランスに戻り、博士論文である『狂気の歴史』を完成させる。この狂気を取り扱った著作は、じつは近代の理性に照準を定めており、科学史家のカンギレムに高く評価された。次にフーコーは、『臨床医学の誕生』で近代の医学を考古学的に分析した。ここでは狂気、異常、死、欠如が知のまなざしの対象となり、そこから医学が誕生したとされた。

だが、本当にフーコーを有名にした著作は『言葉と物』であった。当時、クレルモン・フェラン大学にいたフーコーは、ベラスケスの『侍女たち』を第一章で取り扱ったこの著作を世に送ったが、一夜のうちにベストセラーになってしまう。『侍女たち』という絵画は、絵筆をもつベラスケスとおぼしき人物が中心なのか、幼いマルガリータ姫が中心なのか、はたまた鏡に映っている国王夫妻が中心なのかがだれにも決定できない、いわば中心なき絵である。この絵画を統一し秩序化するまなざし（主体）は不在で、あるのは錯綜し、乱反射するまなざしばかりである。ここには主体（中心）の不在というポスト・モダンと共通するテーマが描かれており、まことにこの時代にフィットした構図だったといえる。

『言葉と物』を書き上げたフーコーは、その年（一九六六年）の九月に、チュニジアに行く。ここで激しいマルクス主義を信奉する学生たちの運動にであう。そこには、マルクス主義の意味内容と関係のないところでマルクス主義を信じ、頼る学生たちの運動にとまどったフーコーの姿があった。フーコーは、後にカントを取り扱った論考において、フランス革命における革命の理念（啓蒙的理念）の意味内容よりも、人々がそれにシンパシーを抱く心の在り方という歴史存在論が大事であるとしたが、こうした発想の端緒にあったのがチュニジア体験であったであろう。そして、このチュニジア体験が、後のフーコーの政治参加のきっかけになるのである。

ともあれ、この激動のチュニジアで、フーコーは『知の考古学』を書く。この著作で、フーコーは、『言葉と物』におけるエピステーメとは知の地層の底に横たわる知の枠組みであるが、こうしたエピステーメでは非言説的領域（政治、経済、社会など）との関係が出てこないとし、アルシーブという概念を提示した。つまり、アルシーブとは、言説（ディスクール）を実定させる場所であり、条件のことである。

一九六八年に、フーコーはチュニジアから五月革命の硝煙がおさまりきっていないパリにまいもどり、ヴァンセンヌ大学教授の職に就く。そこでフーコーは、学生とともにバリケードにとじこもり、逮捕されるという事件に巻き込まれる。他方でフーコーはしっかりと、コレージュ・ド・フランスの教授への就職運動もやっており、これに成功する。その時の第一回目の記念講義が『言語表現の秩序』であった。フーコーはこの時期、コレージュで講義をするかたわら、GIP（監獄情報集団）を組織し、監獄の問題にとりくんだ。いわば現実の問題にかかわることによる権力への、そして系譜学への傾斜である。そして、この傾斜の延長線上に、『監視と処罰』が書かれるのである。

フーコーは、アルシーブという概念では、言説（ディスクール）を、それを支えている非言説的領域より優位におく印象をあたえ、知を貫く権力関係が希薄になる、と考えるようになっていた。そして、かれは権力関係を旨とする系譜学を主張するようになる。『監視と処罰』（一九七五年）では身体に対して行使される規律という権力がどのように歴史のなかで編み上げられてきたか、またそのなかで「客体」としての個人がどのように構成されてきたかを、謳いあげた。また翌年（一九七六年）『知への意志』を著し、セクシュアリテを自然な生《なま》の性ではなく、文化的・社会的な性現象と捉え、セクシュアリテの装置は欲望する主体（「主体」しての個人）の産出にかかわるとし、生産的な権力を提示した。これは、告白を旨とし、諸個人をアイデンティティーにしばりつける司牧権力の概念に結びついていく。

じつは『知への意志』は『性の歴史』という五巻のシリーズの第一巻で、その後次々とキリスト教や告白の教義との関連で、性についての言説や主体の問題を取り扱おうとしていた。しかし、かれは行き詰まる。その後、『性の歴史』の続編を書くまで、八年の歳月を要した。ただ、かれは、その間何もしなかったわけではない。近代の統治形態を系譜学的に取り扱った統治性研究を着々と進めたし、啓蒙の問題にも取り組んでいた。また、一九七〇年代終わりから、八〇年代初頭にかけて、フーコーは度々アメリカに出かけている。アメリカはかれにとって別天地であった。エリボンは次のように述べている。

合衆国はミシェル・フーコーにとって仕事の喜びの土地であった。だが、もっぱら喜びそのものでもあった。彼はニューヨークとかサンフランシスコにあるあの自由を楽しんでいた。そこには同性愛の人々がたむろする街があって、その種の雑誌と新聞、その種の酒場とナイトクラブが繁盛している……そこにはゲイの共同社会が多数あって、組織化され、自分達の権利の主張を決めている。(2)

フーコーは、アメリカでは数々の講演をこなす時代の寵児であり、各地で大歓迎をうけた。また、別の意味で見たものは、フランスにはないゲイの文化であった。それは受身的な日陰者の文化ではなく、自己の生存の技法を自らが編み上げ、生存の美学というものを築き上げようとする生活態度であった。こうした生存の技法は、少なくともフーコーの倫理の問題に結びついていくものであった。しかしこの時期、フーコーの身体はエイズウィルスに侵されていた。もう時間がない。フーコーは急ぐ……。

一九八四年六月に、突如『性の歴史』の続刊である『快楽の活用』と『自己への配慮』が出版された。ここに書かれた古代ギリシア、ヘレニズム期、古代ローマの研究は、近代の批判者としてのフーコーを期待していたフーコーの読者たちをとまどわせた。しかし、これらの書物は「自己と自己との関係」としての自己の技術を倫理の問題として提示したものである。これらの二連作のあとに、フーコーは、初期キリスト教の教義のなかで主体が構成される態様を系譜学的に描いた『肉体の告白』を出版するつもりであったが、フーコーはここで事切れる。

以上がフーコーの素描であった。かれの死後の影響（特に英語圏での影響）は絶大であった。しかし、かれの理論に対する批判も多くでた。本書では、典型的なものとして、ハーバーマスからの批判とドレイファスとラビノウからの批判を特にとりあげた。ハーバーマスは、フーコーの理性を批判しようとする企てそのものが、実際は理性やロゴスで行なっているかれの批判の基盤を危うくしており、それは「自己言及的アポリア」に陥っているポスト・モダンの思想である、と批判した。こうした思想では、理性を排除した後、意味や価値は喪失してしまい、なぜ人は権力に抵抗するのかという根拠

（意味や価値）を喪失してしまうと、ハーバーマスは考えた。また、ドレイファスとラビノウの批判は、フーコーの理論は構造主義的全体論に陥っており、全体の構造によって、時計仕掛けのように規定された服従する主体ばかりが目につき、抵抗する主体が見当たらない、というものであった。

かれらの批判は抵抗を旨とした真の批判理論をフーコーに求めている。その要求にフーコーは倫理の理論を構築することによって答えようとした。いみじくもドレイファスとラビノウは、かれらの著書に「構造主義と解釈学を超えて」という副題をつけたが、本書では意味や価値を旨とする解釈学や、構造主義的全体論を超えようとしたフーコーの営みに焦点をあてた。

ドゥルーズは、フーコーの主体（「内」）は、エネルギー（力）の場である「外」が折れ込んだ襞、あるいは折り目（le pli）であるとし、「内」と「外」がつながっていることを提示した。要するに、主体とは「外」の力線が折りなす折り目なのだ。フーコーは、少年期の恐怖、同性愛、チュニジアでの政治体験、ゲイ文化などの多くの力線が、またバシュラールの、カンギレムの、マルクスの、ニーチェの、ハイデガーの、そのほかの多数の思想家の力線が折りなす折り目であり、こうした折り目をできるだけていねいになぞってみたい、と考えている。

なお、本書では、フーコーの主要な著作ではないもの（たとえば *Dits et écrits* に収められた諸論考）や、フーコー以外による著作の大半は、原文のみにあたっている。したがって、邦訳のあるものは参考として、できるだけその頁数を記しておいたが、本書の訳と必ずしも同一ではないことを留意されたい。

（1） Didier Eribon, *MICHEL FOUCAULT*, Flammarion, 1989.（田村俶訳『ミシェル・フーコー伝』新潮社、一九九一年）
（2） Ibid., p.336.（邦訳、四三四 - 四三五頁）

フーコーの思想 ■ 目次

フーコーの思想

第一章　考古学という方法

いささか早すぎる死を迎えたフーコーではあるが、かれの業績は、群をぬいてぶ厚い。かれはぶ厚い業績の中で「主体」や知、権力のあり方を探究した。その方法は、膨大な資料を積み重ねて、その中から、「主体」、知、権力のあり方を浮き上がらせる、という手法であった。初期の方法は考古学と呼ばれるものであった。それはさまざまな出来事の痕跡や記録や資料を集積し、因果関係や意味や価値から離れた視線で分析し、ある時代の思考の底に埋もれたエピステーメ（知の枠組み）を発掘する作業である。

この章では、フーコーの考古学に焦点をあてて論じる。

一　「外の思考」

フーコーの研究は、その人生において大きく変遷を遂げた。考古学から系譜学へ、そしてそこから自己との係わりの問題（倫理）へとかれの研究内容は変化した。しかし、かれが本当に研究したかったのは主体の問題であった。つまり「わたし」とは何か、それはどのように構成され、存在しているのか、ということがフーコーの一貫した問題関心であった。

それまでの哲学は「主体」を理性と結びつけ、精神や意識という言葉で説明してきた。それは主体にコギトという名称を与えたデカルト以来の伝統である。フーコーが若いころ、フランスで最も進歩的な知識人はサルトルであった。サルトルは、歴史を進歩へと選択していく主体として人間の実存を捉えたが、こうした進歩は理性と手を結んでいた。

フーコーは、近代の「主体」の説明原理である理性を排除した。たしかに理性によって支えられた真理は、科学技術を発達させ、産業社会を発展させた。また、「理性−真理」は政治的にも経済的にも進歩をもたらし、人間を幸福にしたと考えられてきた。だが、科学技術の発展は酸性雨やオゾン層の破壊をはじめとする深刻な環境破壊をもたらしているし、政治や経済の領域での進歩は巨大な管理機構を生みだした、ということも事実である。さらに、近代ではマルクス主義やファシズムおよび民族主義などのさまざまなイデオロギーが生まれた。こうしたイデオロギーは真理に貫かれており、自分のイデオロギーが絶対に正しく、相手のイデオロギーは絶対に間違っているという、じつに硬直した態度をもたらした。さらに、この硬直性は戦争や大虐殺につながった。つまり、真理という中心に集中する力は、排除という暴力と表裏の関係にあった。プーランツァスが「ジェノサイドは近代の産物である」(1)と語ったのはまことに当を得ている。一九六〇年代後半、フランスでは、「理性‐真理」を排除する、いわゆる「構造主義」の潮流が生まれた。フーコーもこうした潮流のなかにいた。

そもそもヨーロッパの哲学の伝統は、「主体‐客体」の認識論的構図のなかで思考してきた。それは「心と物の一致」というプラトン以来の伝統的形而上学の文脈のうえにあり、「主観の正しさ」が客体と一致するということで真理を支えてきた。つまり、主体には理性が与えられ、その理性は、明晰判明な人間の認識をもたらす人間の能力として、真理と結びついていた。そして、このような中心によって吊り上げられた思考のなかでは、すべてが予定調和的に真理に収斂するように整序されている。したがって、理性に整序された知のなかでは、一切が自明かつ自然のように映ってしまう現前の明証性が働いていた。レヴィ＝ストロースが『野生の思考』の最終章でサルトルを批判して「自我の明証性」(2)と呼んだのは、この現前の明証性のことである。

こうした「主体‐客体」の認識論的構図を批判したのはニーチェであった。ニーチェは、主体は理性や、それに基づく真理によって語られるものではなく、欲望によって構成されている、とした。そして、わたしたちが理性や真理と呼んでいるものは、ある一つの欲望の解釈にしかすぎないとし、「主観の正しさ」を潰してしまった。つまり、「主体‐真理」によって基礎づけられた自由、平等、正義などの価値は、じつは権力の実現の手段であり、高貴な強者を弱者のレヴェルにまで引きずり下ろす陰謀でしかない。ここでは善と悪を分けてきた基準はその根拠を失ってしまう。そして、ニーチェは「理性‐真理」を無意味なものにしてしまい、それをまったく別の次元、すなわち力の場から説明づける系譜学を考案した。

さらに、「理性‐真理」による思考は、世界を等質的空間とみなし、歴史を連続として捉えてきた。つまり、元来の伝統的形而上学のなかでは、人は世界や歴史を真理によって説明する。そこでは世界の出来事や現象の一切は真理によって秩序づけられており、歴史は真理へと進化するプロセスであり、連続的なものとして捉えられる。またそのことが自明で自然なことのようにみえてしまう。フーコーはバシュラールやカンギレムの科学史から、歴史の連続性と手を切ることを学んだ。バシュラールは、知には一つの本質があり、その知が継承発展するとは考えなかった。つまり、ある時代の知は誤謬や偏見が織り込まれ、一つの秩序に貫かれている。こうした秩序のなかにいるかぎり、誤謬や偏見も自然かつ自明なことのように映ってしまい、いつまでたっても新しい認識に到達することはない。バシュラールは、新しい科学的認識を得るためには、秩序とドラスティックに手を切り、前史と「断絶」しなければならない、とした。またカンギレムも、一つの時代の科学的真理は誤謬のうえに真理というペンキをぬったものにすぎないとした。さらに、ニーチェが「歴史は一つの解釈にしかすぎない」と語り、真理はその「外」にある力と手を結んでいるとしたときから、伝統的形而上学は揺らぎはじめた。つまり、ニーチェにとって、歴史は起源から目的へとつながる意味の連続体ではなく不連続なものに、また世界は中心へと収斂する等質的空間ではなく不均等な空間になった。
「主体‐真理」によって閉ざされた伝統的形而上学は、「人間主義」と「歴史主義」を生みだした。そして、フーコーが闘わねばならなかったのは、この「人間主義」や「歴史主義」であった。「人間主義」とは、自由で選択可能な透明な意識をもった「人間」を価値の根源におく立場のことである。また、「歴史主義」とは、こうした「人間」という超越的主体が理性の力によって迷信や魔術から目覚め、最終的にはユートピア（目的）にいたる過程だ、とする立場のことである。アルチュセールは「歴史は主体も目的もない過程[3]」だとしたが、「主体」とは歴史を変革する人間のことであり、「目的」とはユートピアのことである。そして、「歴史は主体も目的もない過程」とする立場は「主体‐真理」の外に出る立場のことであり、そこにあるのは意味や記号の秩序に属さないカオスである。フーコーは、こうしたカオスに対して「外の思考」という態度でのぞんだ。

「主体‐客体」の認識論的構図では、主体は「理性‐真理」によって整序され、閉ざされており、客体は主体から完全に隔てられた向こう側にあった。だが実際は、客体は主体の意味内容でしかなく、主体によって捏造されたものである。フーコーは、主体のうえに創られた「主体‐客体」の仕切りを取り払うことによって、主体の「外」に出ようとした。そもそもフーコーにとって「内」とは、「外」が褶曲《しゅうきょく》して入り込んだ折り目（le pli）であり、「外」と隔絶した、閉ざされた空間ではない。つまり、あるのは「外」ばかりだ（あるいは「内」ばかりだ）ということである。フーコーにとって「外」とは、「サドにとっての欲望、ニーチェにとっての力、アルトーにとっての思考の物質性、バタイユにとっての侵犯(4)」にあたるものである。つまり、それは主体の「外」へ出る態度のことである。そもそも主体とはラカンの言葉を借りるまでもなく、言葉や意味によって構成されている。この言葉や意味はその時代の構造（エピステーメ）をもっている。したがって近代では言葉や意味は「理性－真理」によって統御されており、主体の「内」にいることは、ある秩序の中にいることになる。サドの欲望やニーチェの力、アルトーの思考の物質性は、こうした主体の「外」に出る立場のことであった。

では、フーコーはどのように主体の「外」に出ようとしたのか。それは「主体－客体」の認識論的構図を打ち壊すことによってである。つまり、こうした認識論的構図では主体は理性をもち、透明な認識ができるものとされ、客体と一致するという観念論も、主体が捏造した客体を真理として描く経験論も、ともに理性を前提とした「主観の正しさ」によって保障されている。そして、近代では「主観の正しさ」が一切の意味を統御していた。フーコーは、一切を意味や理性で測ることをしないということで、主体の「外」を目指した。わたしたちが日々生きている実際の世界は無限の多様性であり、諸々の力関係がせめぎあっている世界である。「理性－真理」はこうした多様性や力関係を、真理の寸法に合うように切りとり、画一化と単純化をはかる。そのことをウェーバーは「プロクルステスのベッド」にたとえたことがある(5)。所詮、概念の作用はギリシア神話の怪人プロクルステスが客人を泊めるのにベッドの寸法に合うように客人の手足をのばしたり、切り取ったりしたように、実際の世界の無限の多様性やさまざまな力関係を理性のかたちで切りとる単純化・画一化の作用をもつということだ。そして、真理はこうした単純化・画一化の作用を通じて、全体を中心に収斂させせようとする全体化の作用をもっていた。

フーコーは、画一化と全体化による理性の秩序の外に出て、あの無限の多様性や無数の力関係のぶ厚さの中で、「主体」や「理性」および「権力」がどのように存在したのかを明らかにしようとした。つまり、フーコーは「主体とは何か」ということを問わない。それは「主体」や「理性」を意味で測ることであり、こうした意味には常に既に理性の意図が含まれているからである。あくまでも、フーコーは「主体」や「理性」や「権力」をさまざまな出来事や、資料のぶ厚さの中で縁どり、「主体」や「理性」や「権力」の存在のあり様を示そうとしたのである。これをフーコー自身は「歴史的存在論」と呼んだ。これは一種のマテリアリスムである。

ただし、フーコーのマテリアリスムは、レーニン流マルクス主義唯物論とは異なる。レーニンの唯物論は、「精神－物質」という構図の中で、物質が絶対的真理だ、とする立場のことである(6)。こうした唯物論は「理性－真理」によって支えられている以上、形而上学的問題設定の域を出るものではない。これに対して、フーコーのマテリアリスムは、あくまでも真理の「外」のあるがままのモノや事実や出来事を根拠にする。すなわちこうしたモノは、いかなる意味や記号にもとらわれない「外」の存在である。

そもそも、フーコーは主体から根拠を抜きとることで「主体－客体」の認識論的構図を壊した。また、すべての客体（物質）は、主体の「内」で捏造されたものである以上、「主体－客体」の構図を潰すことは、「観念－物質」の構図をも潰すことになる。では、フーコーは精神や意識はどのように存在すると考えていたのだろうか。わたしたちは、人の心情や考えていることはよく解らないが、それが話されたり、書かれたり、また行動されたりすると、出来事として体験できる。つまり、出来事として結果のレヴェル（物質的レヴェル）で経験することができる。要するに、フーコーは観念（精神）は物質に組み込まれて存在しており、そのかぎりで観念は物質的存在だ、と考えていた。すなわち「出来事の哲学は、非物質的なもののマテリアリスムという一見矛盾した方向へ歩むことになる」(7)ということだ。

「主体－客体」、「精神－物質」の仕切りを取り払ったフーコーのまえに現われた世界は、結果のレヴェルに現われる一元的物質世界であった。フーコーは結果のレヴェルに現われるさまざまな出来事の痕跡や記録、資料を集積させると、ある時代の知のかたちや、目に見えない権力関係が現われる、と考えた。ただしその際、諸々の出来事をある原因に結びつけ、因果関係に収めたり、ある意味や価値で理解すると、それは「理性－真理」の体系に閉ざしてしまうことになる。大事なことは、こうした因果関係や意味や価値にとらわれることなく、あるがままの物質的結果を積み重ねることである。フーコーは、膨大な資料や記録を駆使して、ある時代の諸々の思考の下に潜む知の枠組み（エピステーメ）を、それだけでなく、こうしたエピステーメが権力関係に結びついていることを、さらには権力関係の下に潜むダイアグラムを明らかにしようとした。

二　知のエピステーメ

フーコーの仕事を縦覧すると、それは、理性が排除した非理性の側から、理性がどのようなものであったかを画定する作業からはじまった。フーコーは『狂気の歴史』や『臨床医学の誕生』で、狂気や病がどのように取り扱われてきたのかを探究した。つまり、フーコーは「狂気や病とは何か」を問わない。それは「理性－真理」に思考を閉ざす設問であり、真理によって絞り込まれた一つの答えはでるであろうが、こうした立場の「外」に立つとき、その答えは無数にある。したがって、フーコーは狂気や病を直接問わないで、それが出来事のレヴェル（経験のレヴェル）でどのように取り扱われてきたのかを問いかけた。

ルネサンス期、狂気は「人を引きつけはするが呪縛はしない」[8]ものであり、安楽、愉快、軽薄の表現であった。そして、「狂人は容易に放浪しうる生活をいとなんでいた」[9]のであり、その象徴が「阿呆船」[10]であった。この時代、狂気は理性じたいのなかに位置づけられていたのである。古典主義時代（十七世紀－十九世紀）には狂気は理性から排除されるようになる。狂気は非理性として受刑者や濫費者、怠惰な貧乏人、放浪者とともに監禁される事態がはじまった。つまり、社会秩序の観点から、「良い－悪い」の識別が完成され、「正常－異常」のあいだに仕切りが確立されたのである。十九世紀に入ると狂人は監禁から解かれるが、今度は患者として医者のまなざしの対象となり、真理の視線にさらされる。つまり、狂気は精神病理学の対象となったのである。ここでは狂人の身体は解放されるが、精神は真理のまなざしの鎖につながれたままである。そして「治癒」は、「理性－真理」によって統御された秩序のなかで、道徳的主体としての自己を回復する以外にはないのである。要するに、目に見えない新しい監禁がはじまったのである。

病については、古典主義時代、「分類学的言説が医学的言説を、さらにプラティックまでをも支配する」[11]分類学的医学が主流となった。こうした医学では、患者の身体の表面にまなざしは集まり、その表面的な兆候を分類し、一つの空間的表（タブロー）を作成するというものだ。しかし十九世紀に入ると、医学は「健康な人間」という基準をつくりあげ、「正常－異常」の仕切りを設定した。そして、医学は「正常－異常」の構図から「模範的人間」を画定することで、道徳規範的に機能した。フーコーは「狂気や病がどのように取り扱われてきたか」を問い、近代において「正常－異常」の基準が設けられ、理性と非理性がどのように分割されてきたかを掘り起こした。だが、フーコーが最も言いたかったのは、狂気や病が知の対象となり、理解され、語られ、記録されるが、その底には「深層の法則」があるということである。ドレイファスとラビノウの言葉を借りるならば、「深層の法則とは、一つの構造のことであり、それはある時代の理論、言説、プラティック、感受性が人間であるということはどういうことなのかを理解することに貢献しているかぎりで、これらの基礎となっている。」[12]フーコーは、一つの時代には、こうした「深層の法則」を具えたエピステーメ（知の枠組み）があり、こうしたエピステーメを歴史の地層から掘り起こす作業を考古学（アルケオロジー）と呼んだ。

フーコーは『言葉と物』において、十六世紀以後のエピステーメの歴史を描いた。それは、「合理的価値や客観的形態に依拠するすべての基準の外にあるものとしての認識が、そこにおのれの実定性に根をおろし、そうやって一つの歴史、みずからの漸次的完成化の歴史ではなく、むしろみずからの可能性の条件の歴史といえる一つの歴史を明確化する[13]」作業であった。すなわち、知には「理性－真理」に基づく「合理的価値や客観的形態」の観点からはみえない深層構造をもったエピステーメ（知の枠組み）が潜在している。そして、こうしたエピステーメを認識するためには、「合理的価値や客観的形態」からみていたのではみえないのであり、その「外」に出る必要がある。したがって、エピステーメの歴史は、理性をもった主体（人間）が目的（ユートピア）へと向かうような「主体－真理」によって閉ざされた歴史ではなく、知がさまざまな時代においても、どのように存在しうるのか、その存在可能性の条件を明らかにするような歴史である。

十六世紀までのヨーロッパでは、言葉と物は一致していた。言葉は物であり、物は言葉であった。また、言葉は神から授かった「透明な記号」として物と一致し、「世界の一部をなしていた」。そして、言葉は世界を類似関係によって表象していた。じっさい、この時代「類似というものが、知を構成する役割を演じてきたのである[14]」。天地開闢説《てんちかいびゃくせつ》、動物学、植物学、哲学において魂と肉体、動物的系列と植物的系列、人間と天界の組み合わせが、類似関係をとり結んでいた。言葉は類似のなかで定着し、類似は別の類似とつながり、新しい類似関係を生んだ。そして、新しい類似は別の類似へ……。際限のない類似の連鎖。類似関係は無限の拡がりをもったが、言葉は類似関係に閉ざされていた。

十七世紀から十八世紀にかけての時代をフーコーは古典主義時代と呼んだが、古典主義時代では、言葉は物に一致しなくなり、主観（言葉）と客観（物）は分裂し、言葉は表象のなかにとどまる。つまり、言葉によって表象された物は客観に属する物ではなく、あくまでも主観のなかで創られた物である。表象は物にとどかず、表象のうちにたちどまる。すべては表象を表象するという、表象の二重関係に閉ざされてしまう。ドン・キホーテは言葉と物が一致した時代と一致しなくなった時代のカリカチュアであった。家畜の群れ、女中、旅籠《はたご》（物）が、軍勢、貴婦人、城（言葉）と一致しなくなった時代には、ドン・キホーテは嘲笑の的でしかない。

ではこの時代、表象のうちに閉ざされた知はなにによって客観性とつながっていたのか。それは表象の底にあり、表象を支えている共通の秩序だ。こうした秩序は数学的秩序（「マテシス」[15]）であれ、経験的秩序（「発生論」[16]）であれ、自然の秩序につながっており、そこには神の摂理がほのめかされていた。それはマチエールに対するイデアだ。こうした秩序を基準として、さまざまな物は同一性と相違性によって測られ、無限の〈表〉（タブロー）が作成された。こうした〈表〉は同時的体系、空間本位のものであるかぎり、同時的空間を並べた時間的継起はあれども、時間性そのものは欠如していた。

古典主義時代に、一般文法、博物学、富の分析が成立した。一般文法では、言葉は不変な内的秩序をもっており、さまざまな言語が存在したとしても、それは歴史的事件などによる表層的な変容にすぎなく、言葉じたいは歴史（時間）をもたないとされた。博物学では、目に見える表面的な特徴（カラクテール〉の同一性と相違性を測定し、〈表〉をつくりあげた。また、富の分析では、商品は等価交換という内的秩序のなかで、必要を表象する記号となる。

十八世紀の末、表層にあった目に見える特徴は、深層に潜り込む。博物学の分野では、以前の表層の可視的な特徴ではなく、表層には現われない潜在的な生殖や生命維持の機能による分類が行なわれ、すべては進化の体系に配置され、生物学が生まれた。富の分析では、商品は交換の秩序のなかで、人間の欲求を表象する記号とされていたが、それぞれの商品の奥底には労働という共通の測定基準があり、商品の価値は労働によって決定されるとする経済学が創設された。さらに、一般文法では、言葉は対象（物）と一対一で対応する透明な記号で、語幹は変化せず、変化するのは表象内容だとされてきた。しかし、十九世紀には、語幹は表象からはなれ、「厚みのあるしっかりとした歴史的現実となった(17)」。つまり、言語じたいが変化し、歴史（時間性）をもつとされた。この瞬間、言語は「客体となり」言語学が生まれた。

生物学や経済学、言語学の底には生命、労働、言語の歴史性（時間性）が潜んでいた。フーコーは生命、労働、言語の歴史性は人間の有限性に照応している、と考えた。そこには、限りある命を生き、必要をみたすために働き、歴史のなかで話す有限な「人間」が存在するのである。つまり、「〈人間〉こそ、知という造物主がわずか二百年たらず前、みずからの手でこしらえあげた、まったく最近の被造物に過ぎない(18)」ということだ。

十九世紀以前、「人間」というものは存在しなかった。中世のキリスト教では、原罪を背負った無力な人間は、神という至高の存在の陰画でしかなかったし、ルネサンス期では、人間は類似が描きだす放射状の空間の焦点に位置する至高の中心であった。また古典主義時代では、表象の〈表〉のなかで、人間は種や属のように扱われてきたが、〈表〉を貫くモメントとして自然の本性に対応する本性をもつ至高の人間が〈表〉の外に配慮されていた。この至高の人間は、神と同等であり、生身の有限な「人間」ではない。じっさい、わたしたちは、自分が生きて、働き、語るという経験の範囲内でしか認識をもてない。こうした有限な経験の範囲内で生きる「人間」を発見したのは近代であった。そして、そのとき「人間」は、「知にとって客体であるとともに、認識する主体でもある、その両義的立場をもってあらわれる(19)」ことになる。つまり、人間という知の主体が、「有限な人間」を客体として認識する構図ができあがり、そこに人間が客体として「人間」を分析する人文諸科学が生みだされたのである。

フーコーは、こうした「人間」を「先験的＝経験的二重体」と名づけた。そして、「先験的＝経験的二重体」である「人間」の誕生の日付をしるしたのはカントである、とした。要するに、人文諸科学では、超越的立場にたつ人間（先験的主体）が、有限な客体としての人間（経験的主体）を分析することになり、人間は「先験的＝経験的二重体」になる、という図式である。カントは、人間を先験的立場からながめ、人間が決して物自体を認識できない有限なもの（経験的主体）であることを自覚し、そこから反転して、道徳律によって人間の価値を問い、経験的人間が先験性へと近づく可能性を示した。またヘーゲルは、歴史の中で生きる人間は有限ではあるが、歴史は進歩と発展の弁証法的プロセスであり、最終的には、先見的な至高の立場である絶対精神に至るとして、先験性と経験性を結びつけたのである。

したがって、近代の思考は「経験的なものと先験的なものを、分離したまま維持しようとすることによって、ともかくも両者を同時に目指すことを可能にする[20]」ものであり、先験的なものと経験的なものの交点に「人間」が創りだされたのである。言いかえるならば、近代では先験性と経験性に分裂した人間は、「分身」をもった二重の存在であるが、「経験的なものを先験的なレベルで価値あらしめる[21]」ことによって無理やり「同一者」に纏めあげてしまおうというものであった。要するに、近代のエピステーメは、「人間」によって縁どられていたのである。

三　考古学の方法

フーコーは『言葉と物』を書いたあと、その方法が不充分であると自覚し、エピステーメという概念を、もっと緻密なかたちにした理論をうちたてるため『知の考古学』を著した。つまり、「『言葉と物』では方法論的標識を欠いたため、文化的全体性の用語による分析だと信じかねさせなくなった[22]」というのである。フーコーの考古学のもともとのねらいは、近代を支配していた人間主義的問題設定からの脱却であった。「人間主義」は、人間の透明な理性によって、世界を一つの理性の秩序に閉じ込むことであった。理性は一方で真理を生みだしたが、他方で理性をもった「人間」を生みだした。

ただし、この「人間」なるものは、人が理性をもち、その理性の力ですべてが認識できるとする超越的立場と、その裏側に有限な認識しかもたない、経験的な人間が設定されるという、二重性をもっていた。同時に、ここには、絶対的な理性をもった主体（人間）が、有限の中に閉ざされ、解放されていない気の毒な客体（人間）を解放する、という構図も潜んでいた。

ところで、こうした「人間主義」は、「理性－真理」という中心によって全体を整序する以上、全体を真理という中心に纏めあげる全体化のカテゴリーと、歴史を目的（真理が完全に実現された状態）へと至るプロセスと考える目的論を伴う。フーコーは「主体－理性」を排除することによって、全体化のカテゴリーや目的論を回避したいと考えていた。したがって、フーコーのエピステーメは、言葉の指示や意味から離れた、知の枠組みのことであった。だが、フーコーは自らの知の分析が、ともすれば、構造主義的な全体論に陥っている印象を与え、エピステーメという概念は、ある世界観や一つの時代精神とみなされる危険があることを痛感した。つまり、構造論は、さまざまな現象の根底には、潜在的な構造があり、それが時計仕掛けのように寸分たがわず全体を規制するというものであった。これは、構造によって整序された全体という図式のもとで描かれる全体論になってしまう。また、類似や表象や「人間」というエピステーメも、言語のうえでの規制システムであり、言語を支配する世界観や時代精神ととられかねない。さらにルネサンス期には類似が、古典主義時代には表象が、近代には「人間」が、といった具合に、ある時代にある一つのエピステーメが知を纏めあげている全体論のような印象を与えた。こうした全体論は多種多様なものの不均等な全体というフーコーの全体とは異なる。したがって、フーコーは『知の考古学』において、構造論的全体性や「人間学的主観から自由な歴史的分析を明確にする」[23]考古学の方法を示そうとしたのである。

フーコーは、考古学の方法を明確にするために、言表（エノンセ）、言説（ディスクール）、アルシーブ（集蔵体）という用語を導入した。これらの用語を定義することは難解で、フーコーも非常に試行錯誤をくり返している。とにかく素描してみよう。まず、言表とはフランス語でenoncéで、「言い表わされた」ということである。したがって、結果のレヴェルに現われる物質的な言語行為であり、それは決して何を意味しているかや、何を指示しているか、という文脈では捉えられない。フーコーは次のような例をもちだしている。つまり、「だれも理解しなかった」という表現と「だれも理解しなかったのは事実だ」という表現では同じ命題を指し示しており、「論理的観点からは区別不可能」[24]だとされる。しかし、これらの表現は同じ言表ではない。これらの表現が小説に見いだされたとき、前者は、作者が言っているのか、登場人物が言っているのかの確認の余地がある。だが、後者は、自己独白をつうじて自分の意見の検証による断定や、討議にかけ、他人と意見を調整したりといった、質問と答えの形式による断定などによって支えられている。前者は下位のレヴェルの断定を要求しているのに対して、後者は下位のレヴェルの断定によって支えられている。これらの言表を支えているのは文法や命題でもなければ、意味や指示や修辞学的手法でもない。前者と後者とでは、それを支えている状況が異なっているのである。つまり、それらは、「命題構造は同一であるが、言表の性質ははっきり区別される」ということである。ここでいう「言表の性質」の差異は、外の状況によって位置づけられているのである。

また、フーコーは「タイプライターの鍵盤は言表ではない。がタイプライターの使用教本のなかで、列挙されたA、Z、E、R、Tなどの一連の文字は、フランス語のタイプライターが採用しているアルファベットの〔鍵盤上での〕順序の言表である[25]」という例を示す。A、Z、E、R、Tと並べられただけでは言表にはなりえないが、それが言語体系の外にあるタイプライターという存在、それをとりまく社会状況が言語と結びつけられ、はじめて言表になるということだ。A、Z、E、R、Tという文字の並びは、命題や意味や指示では説明はつかないが、言語体系の外にある社会状況や諸制度、諸条件によって支えられて言表になるのである。したがって、言表は結果のレヴェルに現われる出来事ではあるが、それは単なる出来事ではない。それは、言語体系の外にある文化や政治や経済などの諸制度、諸状況、諸条件と結びついて、言表になるのである。

では言説とは何か。それは言表の集合体であり、「言表の果ての囲み[26]」である。言説は一つの対象や一つの主題によって言表を統一する「囲み」ではない。それは言語体系の外の経済的、政治的、社会的な諸過程と言語との接点で、言表を囲い込み、分節化した、言表の集合体である。たとえば「狂気」についての言説は、「狂気」という絶対不変の概念があり、それを主題とするものでもなければ、科学の対象としての客観的概念がア・プリオリに存在するのでもなく、医者の診断や宗教的営み、政治的判断、法律の決定などのうちで語られ、投薬、治療、手当などの処方によって囲まれた「なにか」であり、日常のプラティックのなかで浮かび上がってくる言表のかたまりであった。したがって、それは確固たる理念や主題によって纏められていない以上、分散し、錯綜した系の束となる。そして、諸々の言表は、政治的なものや経済的なもの、医療的なものなどに分節化されるのである。

ただフーコーは、無規則、かつ無秩序に何の根拠もなく、さまざまな言表が囲い込まれ、言説に形成されるとは考えなかった。かれは「考古学は、いかにして言表的事実の総体が依存する――そして、それが属する実定性を特徴づける――形成の諸規則が、諸々の非言説的なシステムに結びつけられうるか、を確定しようと試みる[27]」と述べる。まず、言説は一定の規則のもとで編成される。そして、こうした言説編成の諸規則は、諸制度や政治的出来事や経済過程などの非言説的領域にあるシステムと結びついているということである。フーコーはこうした言説編成を位置づけ、配置し、条件づけるシステムをアルシーブ（集蔵体）と呼んだ。そして、考古学の役割は、歴史の地層の中から、こうしたアルシーブを探りあてることであるとした。たとえば、人々の価値が合理性へと向かったとき、産業資本主義が身体を労働の道具と価値づけたとき、国家が健康の維持、治療、貧しい病人たちの救済、病気発生の原因の探究に責任を負う一方で、身体の健康を監視したとき、それらの現象と結びつくかたちで臨床医学の言説は形成された、ということになる。要するに、アルシーブは言葉（言説）と物（非言説的領域）をつなぎとめる「蝶番《ちょうつがい》」となっているのである。

さて、フーコーは、なぜエピステーメを言表や言説やアルシーブに置き換えたのだろうか。それは、エピステーメの理論では、類似や表象や「人間」に全体をくくりつけ説明する全体論のような印象を与えてしまうからである。つまり、エピステーメはある時代を網羅する思考の型（世界観のようなもの）で、それによって規定される社会は等質的思考の空間のようにみえてしまう恐れがあり、フーコーはそれを回避したかったからである。そこでフーコーは、さまざまな言説が言説外の政治や経済や社会という領域のシステムとつながって編成されるが、これらの言説は決して同じかたち、同じ外延をもたないと考えた。つまり、政治、経済、社会などの非言説的領域は、複雑かつ多様で、無数の力関係によって引き裂かれている。そこで編成される諸言説は、相互に差異をもち、矛盾しあい、ぶつかりあう。

類似や表象や「人間」なるものは、全体を説明する説明原理ではない。政治や経済やさまざまな社会現象のなかで、さまざまな言説が編成されたが、それらは出所もバラバラで時間的にズレがあり、お互いに差異をもち、矛盾のあるものとして存在している。しかし、これらの言説と政治、経済、社会などの非言説的領域との接点を探っていくと、そこにはある言説形成のシステム（アルシーブ）が現われる。そして類似や表象や「人間」なるものは、こうした言説形成のシステムを特徴づけており、このシステムを読み解くキーワードだったのである。要するにフーコーは、言説という用語を導入することによって、一つの中心に閉ざされた秩序ある等質的全体ではなく、差異やズレがあり、分散した、不連続かつ不均等な全体を強調したかったのである。

だが、この考古学も行きづまることになる。

四　考古学の限界

ラビノウやドレイファスは、フーコーの考古学が解釈学や構造主義を超える試みである、と評した。つまり、フーコーは「解釈や形式化に還元されえない」領域を目ざすのだが、この領域は「きまじめに意味を解釈する人間科学、すなわち解釈学の系譜にも在せず、また完全に意味を放棄する人間科学、つまり構造主義の系譜にも属さない(28)」領域である。もう少し、詳述してみよう。

解釈学はドイツで起こった歴史分析（あるいはテクスト分析）の手法である。それは過去の出来事（テクスト）を、現在の人間がどのように解釈できるのか、を問う。ディルタイは自己の体験を過去の表現（出来事）に「自己移入」して「追体験」し、現在に過去を再現しようとしたし、ガダマーは、過去の出来事の「事柄に即した真理」の要求を現在の状況が引きうけ、過去の地平と現在の地平を融合させようとした。かれらは、ともに過去の意味と現在の意味の落差をどのように解消するかという問題設定のうえにあり、解釈が言語によってなされるかぎり、言語の意味を前提にしていた。

また構造主義は、社会や文化には、構造が潜在しており、この構造が全体のあり方を規定しているという理論である。言語は、言語の外にある物と一対一の絶対的関係をもたないが故に、絶対的根拠をもたず、語と語の関係（構造）によって成立している（ソシュール）。そのかぎりで構造は絶対的根拠をもたない、宙に浮いたような関係になる。だから、歴史はある不変の本質の移行ではなく、ある構造が破壊され次の構造がとって代わるが、構造と構造の間は切断されているのである（アルチュセール）。レヴィ＝ストロースが不変の本質をもつヨーロッパ文化の遅れた形態に未開社会が位置づけられず、それらは独立した文化体系をもっているとして、文化の進歩史観を否定したのは、そのことによる。人間は無意識までもが構造化されており（ラカン）、人間の行為は、構造によって特徴づけられている。したがって、構造の外にあって、自由な歴史を選択する「人間＝主体」は存在しない（サルトル批判）。こうした構造主義の立場では、構造という形式がすべてであり、内容（意味）を問うことはない。

フーコーは、言語の意味が「理性－真理」によって整序された空間のうちにあり、こうした意味の外に出ることによって、「理性－真理」の外に出ようとした。このことは理性をもった「主体」と、その対局にある絶対確実な認識の対象である「客体」という構図をこわすことになる。それは解釈学と同じ文脈をもつ。現象学の洗礼を受けたガダマーも「主体－客体」の仕切りを取り払った土壌のうえに解釈を成立させていた。それは、構造主義者も同様で、「主体－客体」の一致による真理を排除することにより、構造の無根拠性を主張していた。この点でフーコーの「外の思考」は、ハイデガーやガダマーなどの解釈学者と同じ出発点をもっていた。ただ、解釈学者たちは「主体」の外へ出たとしても、意味と物の「一致」の条件が人間の能力としての常に既に具わっている、と考えていた(29)。そして解釈学では、意味はあの形而上学的な絶対的真理とはつながらないが、人間の存在を条件づけるものとなる。結局、解釈学は意味の内部にとどまり、現象を内部から説明するが、それは意味の「内」

で「全体と部分を循環する」[30]ことになり、意味そのものの存在を問うことはない。

また、構造主義は、さまざまな出来事や現象（部分）を集め、それらの目に見えない潜在的な領域に構造をみいだし、構造が全体を決定しているとした。しかし、この立場は、部分から全体を説明すると同時に、全体から部分を説明することによって、やはり「全体と部分の循環論」[31]を構成していた。

さて、フーコーは、言表や言説をあくまでも、意味につなげることなく、結果のレヴェルに現われる出来事として取り扱った。それは解釈学者たちが現象を内部から説明したのに対して、現象を外からふちどる立場であった。これはイギリスの経験論の伝統のように、客観性（真理）と結びつく主体の経験ではなく、ただ資料として結果に現われる言葉の集積でしかない。フーコーはこうした立場を「慎しみ深い経験主義」と呼んだ。そして、経験のレヴェルに結果する諸言表を積み重ねてみると、何らかの規則性がみいだされ、言説に編成されていることをみいだす。そしてこんどは言説を集めて分析してみると、言説を支える非言説的領域（政治、経済、社会など）と言説との接点に諸規則をつくりだし、言説を編成するシステム（アルシーブ）が結果として浮き上がってくるという寸法である。

意味を放棄するフーコーは、やはり構造主義に近い。意味の体系の内部でとどまることは、意味の内部で全体と部分を語るだけで、意味そのものを問うことはできないと考えていた。つまり、エピメニデスのいう「すべてのクレタ人はうそつきだと、一人のクレタ人が言った」というレトリックの罠にはまってしまう。このレトリックは、グループにおける真理の証明は、そのグループのメンバーでは不可能であり、グループの外からしか論証できない、ということを明らかにしている。したがって、意味の体系の内部では、意味の根拠を明らかにできないのであり、意味の外に出ることを主張したフーコーは、構造主義の立場をとることになる。

ここで大事なことは、フーコーは、ア・プリオリに構造があり、それが一切を規定し、全体を寸分たがわず構造化（形式化）する立場を回避するということである。つまり、諸々の出来事があり、こうした出来事を積み重ねていくと、その資料のぶ厚さのなかに、構造がふちどられ、結果のレヴェルで浮きあがるというものであった。構造はア・プリオリなものでなく、あくまでも結果のレヴェルにふちどられることにとどまり、構造（全体）が出来事（部分）を予定調和的に規定する形式主義と一線を画していた。要するに、構造という本質をア・プリオリに設定し、くまなく諸現象を説明したいという形而上学的欲望を抑え、あくまでも結果として浮かび上がる全体が問題だったのである。こうした禁欲の結果、フーコーの全体は、構造に整序された等質な全体ではなく、差異化され分散した不均等な全体となった。したがって、フーコーの考古学にとって、全体を原因とし現象をその結果とするような因果律による全体論は禁じられた方法であった。

しかし、ドレイファスとラビノウは、「フーコーが彼の「慎しみ深い経験主義」の限度を越えていることに、われわれは気がついた[32]」、とした。つまり、フーコーは諸現象を経験のレヴェルに積み重ねることから、全体を浮き彫りにする方法を提示したがゆえに、そこでかれが発見したのは、原因（全体）から自律した現象であり、原因が不在の結果であった。しかし時として、フーコーは「かれ自身見いだした現象をほとんど構造主義的に説明することを自己抑制できそうにもない[33]」と批判されるのである。もう少し掘り下げてみよう。

ドレイファスとラビノウは「フーコーは、言説を形成する規則の因果的な力の説明をしたとき、言説の形成を記述するもろもろの観察された形式的規則性を、不当にも言説形成の存在条件として実体化した[34]」、と論じた。本来、フーコーにとって、諸言説を形成する規則は結果として浮かび上がるもので、記述されるにとどまる。しかし、諸規則の指令的性格が強調されるあまり、諸規則がア・プリオリにまずあって、それが原因として機能し、言説がそれに統制されるかたちで形成されるという因果論が顔をだす。こうした因果論は、フーコーがみずからに禁じた全体論ではなかったのか。所詮、「言説は規則によって統御されているという主張そのものが、考古学者の企てに矛盾している[35]」、ということだ。勿論、フーコーは時として、こうした全体論にみずから陥っていることに気がついていたのであるが、それにも関わらず『知の考古学』では、この全体論的傾向から脱却できなかった。

これがフーコーの第一の難問であった。第二の難問はもっと深刻である。それは、フーコーは意味の体系の外に出ることを主張したが、それは意味に色付けられていない純粋な記述を要求することになる。そして、かれらは「純粋な記述などというものははたして可能なのか[36]」、と問うのである。ウィトゲンシュタインの指摘を借りるまでもなく、わたしたちは「言語によって思考している」のであり「意味へと宿命づけられている」存在なのである。したがって、だれもが言語の外へも出られなければ意味の外へも出られない。フーコー自身が「われわれが語るのはアルシーブの規則の内部においてである」と語り、かれ自身が言語の体系の内部にいることを自覚していた。

要するに、フーコーも意味の体系の内部にいることは自明のことである。そうなると、意味の体系の内部にいる有限なフーコーが、意味の体系の外部に超越的な考古学を設定することになる。この図式は、有限なる「人間」と超越的な「人間」という「先験的＝経験的二重体」としての「人間」なるものに折り重なってしまう。そして、歴史のなかで生きる生《なま》の考古学者と、歴史の外にある超越的な考古学者は分裂することになる。つまり、「考古学者は、たとえ深い意味においてであっても、逆説的にかれの有限性を肯定すると同時に否定しようとしているように思われる[37]」、ということだ。ここでは、意味の体系の外にいるはずのフーコーが、意味の体系の内にいるという矛盾が生じていた。

ドレイファスとラビノウは、こうした二つの難点により、考古学が破産した理論であることを論じた。二人の立場は、少々解釈学に片寄っているが、かれらの指摘はあたっている。そのことはフーコー自身も、考古学は「安定した、自律的なものであることを保証しない[38]」、と語り、自覚していたふしがある。そして、それ以後の二年間の沈黙……。

五　考古学の概括

フーコーは「理性－真理」の外に出る「外の思考」を主張し、知の底に潜むエピステーメをあぶりだした。しかし、こうしたエピステーメは緻密さを欠き、全体論的印象を与えた。このことを克服するため、フーコーは言表、言説、実定性、アルシーブなどの用語を駆使して、考古学という方法をつくりあげた。しかし批判が集中したのは、そこにである。前節で述べたように、何といっても、『知の考古学』への代表的な批判は、ドレイファスとラビノウからであった。かれらは考古学が、歴史的解釈学の主意主義と、構造主義の形式主義をともに克服する企てであったことは認めていた。しかし、それにもかかわらず二つの難点で考古学は限界づけられているとした。

最初の難点は、フーコーが言説形成の規則性を強調しすぎ、全体論に陥っていたことであった。こうした全体論は言説形成の諸規則（構造）が言表を形式のなかにがんじがらめに拘束するという形式主義をともなう。フーコーは『知の考古学』において、たしかにこのような傾向を呈していた。しかし、これには理由がある。

アルチュセールはエコール・ノルマルにおけるフーコーの師であるとともに、友人であった。アルチュセールはフーコーの『知の考古学』の出版の三年後、『イデオロギーと国家のイデオロギー装置』を出版した。このなかで、アルチュセールは、「主体のカテゴリー」によって、個人はこの社会で、自己を再認し、保証されるというメカニズムを展開したが、それは実際の社会で生きる人間は、なぜ、無意識のうちにイデオロギーや伝統、慣習に従ってしまうのか、という問題意識からであった[39]。一方、フーコーの問題意識は一貫して「主体」が、社会の諸々のシステム（構造）のなかで構成され、どのように存在したのか、を問うことであった。こうした「主体」を構想するフーコーにとって、なぜ、無意識のうちに人はイデオロギーや伝統、慣習およびさまざまなシステムに従うのか、ということは大きなテーマであった。かれら二人の関係を考えても、またかれらの理論の方向をみても、そのことは疑いがない。したがって、フーコーが言説形成の諸規則を強調したのは、こうした強い規則によって形成された言説のなかで生きている「主体」の存在であった。

だが、同時にフーコーは「差異」を導入することによって免れる努力もしていた。ドゥルーズは、差異によって欲望（力）がつくりだされ、その欲望が人間を支えるとしたし、フーコーの人間とは差異の創造物である、とした。[40]とにかく、フーコーは『知の考古学』のあと、構造主義の全体論から免れようとし、権力論へと移行し、権力に抵抗する「主体」を求めることになる。

第二の難点は、意味の体系の外に出ようとしたフーコーの企てはじつは意味の体系の内からなされているということであった。考古学が言語によって営まれているかぎり、考古学も言語によって束縛されており、意味の体系の外で「純粋記述」を行なう超越的考古学は存在しない、ということである。たしかにフーコーは『知の考古学』においては、言語一般を全体論的に語り、言語の外に考古学の立場をつくろうとした。本来、考古学の立場は近代に特有の「理性－真理」と結びついた言説の外に出ることが大事であった。しかし、『知の考古学』においては、言語の意味一般と、「理性－真理」と結びついた意味とが混同されていた。本当のところ、わたしたちの周りにある意志は、常に既に「理性－真理」に色付けされているはずである。したがって、言語を支配する「知への意志」から、まったく別のレヴェルに言語を開いていくしかない。じっさいのところ、構造主義と解釈学を凌駕するはずの考古学は、ふたたび構造主義の全体論と、解釈学の意味のなかに捕らわれてしまう。したがって、考古学者はアルシーブに規定された言語の、また意味が織り込まれた言語の外へ出ることはできず、言語のなかにとどまる[41]。

考古学が発掘したアルシーブ（構造）は、言語による解釈（意味）にとどまり、人は構造と意味の世界を永遠に循環せざるをえない。ハーバーマスは、『知の考古学』において「フーコーは、必ずしも明確な立場を採っているとはいえないが、どちらかといえば言説の土台をなしているプラティックよりも、言説のほうを優位させる傾向を見せている[42]」と論じ、言説が完全な自律性をもち、言説の基礎にあるプラティックを統御している印象を与えている、とした。そして、このような理論は「言説を可能にする条件はなにかを理解させるだけで、言説のプラティックが現実にいかに機能するかを説明するにおよぶことはない[43]」とした。またレマートとギランは、『知の考古学』の限界が「言説の構成と社会の構成の関係性はどうなっているのか」という問いに、正確に答えなかったところにあるとしている[44]。じっさい、考古学は言語の中にとどまる認識論はつくるが、それは実際の世界の力関係にとどかず、権力の関係や現実を変革する力とはなりえない。つまり、考古学は知についての一般的理解をもたらすが、それ以上のものではない。フーコー自身がいみじくも述べたように、考古学には「社会構成の分析と認識論的記述との分節化を可能にする一個の道具の役割を演じる以外にはなに一つない[45]」という事態になる。

フーコーにとって、「外」の世界は、複雑かつ多様であり、無数の力関係に引き裂かれた世界であった。考古学は類似から表象へ、表象から「人間」へのエピステーメ（あるいはアルシーブ）の歴史を描く。ただ、この歴史の認識は言語表現のうちにとどまり、多種多様な力がせめぎあう実際世界の権力関係はみえてこない。大事なことは、言語の限界のギリギリのところまでいき、言語を実際の世界に開いていくしかない。ガッティングは「考古学は、厳密に中立的かつ非歴史的な理論的知識であることを要求するのだが、フーコーの後期のプロジェクトは、そうした知識を許容する余地がない(46)」、と述べた。じっさい、フーコーは、知のエピステーメを認識する考古学から、知や「主体」を権力にむすびつける系譜学へと移行した。

(1) N. Poulantzas, *l'Etat, le Pouvoir, le Socialisme*, P.U.F., 1978, p.118.(田中正人/柳内隆訳『国家・権力・社会主義』ユニテ、一九八四年、一一六頁)
(2) C. Lévi-Strauss, *la Pensée Sauvage*, Plon, 1961, p.329.(大橋保夫訳『野生の思考』みすず書房、一九七六年、二九九頁)
(3) L. Althusser, *Réponse à Jhon Lewis*, François Maspero, 1973, p.98.(西川長夫訳「ジョン・ルイスへの回答」『歴史・階級・人間』福村出版、一九七四年、一〇七頁)
(4) M. Foucault, la Pensée du Dehors, *Clitique*, juin 1966, p.530.(豊崎光一訳『外の思考』朝日出版社、一九七八年、三〇頁)
(5) M・ウェーバー「社会科学及び社会政策的認識の「客観性」」『社会学論集——方法・宗教・政治』浜島朗ほか訳、青木書店、一九七一年、五七頁。
(6) レーニンは『唯物論と経験批判論』で、マッハがアリザニンは人間が発見して初めて存在するとした経験論を批判し、アリザニンは人間が発見する以前の太古の昔より存在し、その存在は真理だとした。

（7）M. Foucault, *l'Ordre du Discours*, Gallimard, 1971, pp.59-60.（中村雄二郎訳『言語表現の秩序』河出書房新社、一九八一年、五九頁）
（8）M. Foucault, *Histoire de la Folie*, Gallimard, 1972, p.34.（田村俶訳『狂気の歴史』新潮社、一九七五年、三九頁）
（9）Ibid., p.19.（邦訳、二六頁）
（10）中世末期に都市を追放されたりした大勢の狂人が舟に乗せられ、河を往来した。
（11）M. Foucault, *Naissance de la Clinique*, P.U.F., 1963, p.2.（神谷美恵子訳『臨床医学の誕生』みすず書房、一九六九年、二〇頁）
（12）H. L. Dreyfus and P. Rabinow, *Michel Foucault : Beyond Structuralism and Hermeneutics*, The Harvester Press, 1982, p.12.（山形頼洋ほか訳『ミシェル・フーコー——構造主義と解釈学を超えて』筑摩書房、一九九六年、四〇頁）
（13）M. Foucault, *Les Mots et les Choses*, Gallimard, 1966, p.13.（渡辺一民/佐々木明訳『言葉と物』新潮社、一九七四年、二〇頁）
（14）Ibid., p.32.（邦訳、四二頁）
（15）マテシスとは「数学の明証性と演繹性をモデルとした諸学の統一化、普遍化の企て」のことである。（『言葉と物』邦訳の事項索引、五八頁）
（16）発生論とは、「経験的なものの列から出発して、いかにして秩序が成立するかを分析する企て」のことである。（Ibid., p.87.　邦訳、九八頁）
（17）M. Foucault, op.cit., p.310.（邦訳、三一八頁）

(18) Ibid., p.319.（邦訳、三二八頁）
(19) Ibid., p.323.（邦訳、三三二頁）
(20) Ibid., p.331.（邦訳、三四〇頁）
(21) Ibid., p.331.（邦訳、三四〇頁）
(22) M. Foucault, *l'Archéologie du Savoir*, Gallimard, 1969, p.27.（中村雄二郎訳『知の考古学』河出書房新社、一九八一年、二九頁）
(23) Ibid., p.26.（邦訳、二八頁）
(24) Ibid., p.107.（邦訳、一二二頁）
(25) Ibid., p.114.（邦訳、一三〇頁）
(26) Ibid., p.106.（邦訳、一二〇頁）
(27) Ibid., p.212.（邦訳、二四六頁）
(28) H. L. Dreyfus and P. Rabinow, op.cit., p.44.（邦訳、七九頁）
(29) ハイデガーも「明け広げ」という概念で、人間が「存在者」から意味を受けとる諸条件を提示した。（M・ハイデッガー「真理の本質について」『選集』十一巻、木場深定訳、理想社、一九六一年、一七頁、参照）
(30) 「解釈学的循環」のことであり部分の理解において全体を解釈し、全体の理解において部分を解釈しようとする解釈学の方法。
(31) アルチュセールは、マルクスの因果律は異質な諸要素の複合的な組み合わせが構造をもった全体を構成しており、こうした全体が現象の原因となっている「構造的因果律」であると指摘したが、ここでは部分（諸要素）が全体（構造）を構成し、構造が部分を規定するという循環論になっている。（L. Althusser, *Lire le Capital II*,〈petite collection Maspero〉François Maspero, 1980, p.171. 権寧／神戸仁彦訳『資本論を読む』合同出版、一九七四年、二七三頁）

(32) H. L. Dreyfus and P. Rabinow, op.cit., p.84.（邦訳、一三一頁）

(33) Ibid., p.84.（邦訳、一三一頁）

(34) Ibid., p.83.（邦訳、一三〇頁）

(35) Ibid., p.83.（邦訳、一三〇頁）

(36) Ibid., p.85.（邦訳、一三三頁）

(37) Ibid., p.96.（邦訳、一四七頁）

(38) M. Foucault, op.cit., p.270.（邦訳、三一三頁）

(39) L. Althusser, Idéologie et Appareils Idéologiques d'Etat, *Positions*, Editions Sociales, 1967（柳内隆訳「イデオロギーと国家のイデオロギー装置」『アルチュセールの「イデオロギー」論』〈プラチック論叢〉三交社、一九九三年）参照。アルチュセールは、こうしたイデオロギーのメカニズムを「主体のカテゴリー」によって説明する。つまり、イデオロギーという大文字のSUJET（主体）が、①諸個人に呼びかけ、②かれらを小文字のsujet（諸主体）としてイデオロギー（主体）に従わせ、③諸主体はイデオロギー（SUJET）のもとに諸主体間の再認と、自己の再認を行ない、④こうしてすべては上首尾だ、つまりは諸主体は絶対的に保証される、という具合だ。つまり、諸個人がこうした「再認－保証のメカニズム」によって、イデオロギーのなかで諸主体として形成されるのであるが、このとき諸個人は「自分がイデオロギーの外にいると信じている」ほどイデオロギーの秩序と明証性にとらえられている。

(40) G. Deleuze, *Foucault*, Éditions de Minuit, 1986（宇野邦一訳『フーコー』河出書房新社、一九八七年）参照。

(41) C・テイラーは、ある時代の真理に色付けされた言説では、ある時代の「真理の体制」を批判できないとし、「ある体制から独立した真理というようなものは、それとは別の体制の真理とならないかぎり、ありえない」と論じ、フーコーの理論が相対主義に陥っていると批判した(C. Taylor, Foucault on Freedom and Truth, *Michel Foucault : critical assessments*, ed. by B. Smart, 1995, Routledge, p.345)。またヒラリー・パットナムは、合理性をある時代の文化のつくり事に還元してしまうことは、以前からある相対主義と変わりないとした（H. Putnam, *Reason, truth, and history*, Cambridge University Press, 1981.『理性・真理・歴史——内在的実在論の展開』野本和幸ほか訳、法政大学出版局、一九九四年）。さらにメルキオールは、非合理主義が打破しようとしている当の文化制度の中心に、非合理と「知性」に対する誹謗中傷を位置づけるという講談ニヒリズムの中心にフーコーがいるとした（J. G. Merquior, *Foucault*, Fontana Press/Collins, 1985.『フーコー——全体像と批判』財津理訳、河出書房新社、一九九五年）。

(42) J・ハーバマス『近代の哲学的ディスクルス』三島憲一ほか訳〈Selection 21〉岩波書店、一九九〇年、四七七頁。

(43) 同上、四七八頁。

(44) C. C. Lemert and G. Gillan, *Michel Foucault : social theory and transgression*, Columbia University Press, 1982, p.55.（滝本往人ほか訳『ミシェル・フーコー——社会理論と侵犯の営み』〈アクト叢書〉日本エディタースクール出版部、一九九一年、一〇〇頁）

(45) M. Foucault, op.cit., p.270.（邦訳、三一二頁）

（46） G. Gutting, *Michel Foucault's archaeology of scientific reason*, Cambridge University Press, 1989, p.266.
（成定薫ほか訳『理性の考古学――フーコーと科学思想史』産業図書、一九九二年、四〇七頁）

第二章　系譜学への移行

フーコーは変化する思想家である。その変化は、かれの人生で二度訪れた。初期には、考古学という方法で、近代西欧の知の生成の歴史を描いた。次の時期では、系譜学によって、近代の権力関係を存在史的に描いた。そして第三期は、倫理や啓蒙の問題に重心を移した。この章では、第二期の系譜学に焦点を絞る。

そもそも考古学は、近代西欧の知の底に潜むエピステーメを明らかにする作業であった。本来、知は理性によって整序されているかのようにみえるが、その深いところで、理性では汲み尽くせない知を支えているエピステーメが潜在しており、そのエピステーメを発掘する作業をフーコーは考古学と呼んだ。しかし、こうした考古学は、知を取り扱うかぎりで、言説のなかにとどまった。フーコーは『知の考古学』を著し、言説がいかに非言説的領域（政治、経済、社会など諸々の領域）によって支えられているかを説き、言説の閉鎖性を解いていこうとした。しかし、このようなフーコーの営為も、言説の土台である非言説的領域より、言説を優位に置くような印象を与えた。

一九六〇年代後半、フーコーは、自らの視線を権力関係に移していく。この態度変更には、チュニジアで反政府運動を体験したことや、一九六八年五月のパリでの事件があったことは、想像にかたくない。この時点で、フーコーは考古学から系譜学へと移行する。そこには、ニーチェの影響が色こくみられる。

一　ニーチェについて

「フーコーは最もニーチェに近いところにいる(1)」と語ったのはドゥルーズであった。じっさい、フーコーは言語のありかたを分析した考古学から、系譜学へと移行した。フーコーは、一九七〇年のコレージュ・ド・フランスの教授就任講演である『言語表現の秩序』では、考古学と系譜学が互いに補完するものだと考えていたが、一九七一年に発表した『ニーチェ、系譜学、歴史』においては、系譜学が主流になり、考古学はその下支えにとどまる。『ニーチェ、系譜学、歴史』は、後のフーコーの『監視と処罰』や『セクシュアリテの歴史』にみられる権力論の理論的基礎になるものであり、この著作こそが、後のフーコーの系譜学的思想を読み解く鍵となるといっても過言ではない。系譜学である以上、まずニーチェについて論じてみよう。

ニーチェはプラトン以来の形而上学に抗した思想家であった。プラトン以来の形而上学はイデアという「最高の価値」を前提にしてきた。つまり、それまでのギリシア哲学は生を肯定し、生と自然を一体化してきたが、プラトンの形而上学は、人間の生の外に一切の絶対的根源であり、本質であるイデアを措定した。これは超越的価値である。こうした価値を人間の生の外に創る以上、人間の内側に、イデアを認識できる可能性をもった理性が、そして理性によって支えられた強固な主体が必要であった。理性をもった主体が、主体の外にある客体を生《なま》のまま認識しえた時、そこにイデアがあり、真理があるという寸法である。しかし、ニーチェにとってこうしたイデアや真理は、人間が頭のなかで考えだした想像物でしかない。ニーチェは、現実を「一つの解釈にしかすぎない」とし、主体と客体が一致するところにある真理とは、じつは主体のなかで捏造された解釈でしかないと考えた。したがって、主体の数だけ解釈があり、その分だけ真理があるということになってしまう。

「主体－客体」の構図の中で描かれる真理は、じつは一切を真理にしばりつけることによって、真理からはみだした部分を抑圧し隠蔽する作用をもつ。また、それが思惟上の慣性の法則のごとく当り前のように映る明証性をもつ。つまり、こうした形而上学的思考では、自由や善やイデアという超越的価値が中心となり、それに整序されるかたちで全体が編成されて、等質的空間を創っていた。この全体は、中心（絶対的価値）から説明されると、人の目には確実に正しいように映ってしまう「現前の明証性」が働いているということは第一章で述べた。ここでは、超越的価値によって抑圧され、隠されるのは理性からはみでた現実である。ニーチェが「実は、言うところの真の世界とはとりもなおさず虚偽の世界のことであり、仮りの世界とは現実の世界のことなのだ[2]」と述べたとき、「真の世界」とは理性によって思惟上に捏造された超越的価値の世界のことであった。そして、かれはそこからみると一見「仮の世界」にみえるが、理性からはみでたより生々しい領域に探究の根をもとめようとする。すなわち、「生の中からすべての異様なものを捜し出すことであり、今まで道徳によって追放せられていたすべてのものを捜し出すことである[3]」。

では、ニーチェはその探究の根をどこに求めようとするのか。それは身体にである。つまり「精神の全発達にとって問題なのは、おそらくは肉体（身体）である。すなわちそれは、一つの高次の肉体（身体）がおのれを形成しつつあるということの可感的となってゆく歴史である。有機的なものはさらにいっそうたかい段階へと上昇していくのである[4]」。

ここで語られている身体（肉体）とは、「力の意志」と同義語である。ニーチェは理性によって整序された想像の世界の外に身体を設定した。身体がより上位の身体を設定し、それを乗り超えていく、自己の意志が自己を超克する、上昇するエネルギーのことである。

ドゥルーズは「〈力〉の意志とは差異という構成要素によって成り立ち、そこから複合体で対峙する諸力が派生し、それぞれの質が派生する[5]」と考えていた。もともとエネルギーというものは差異から生じる。さまざまな指示対象に差異があるからこそ、記号という差異（欲望）を表象するものが生みだされ、商品間に差異があるからこそ、その差異（欲望）を表象する貨幣が生みだされたのだ。もっと人間くさいところで語るならば、能力の高い人間に対する嫉妬や競争心から自己を乗り超え、他者に追いつこうとするエネルギーが生まれる。逆に人間社会に差異がないとするならば、ドラマや面白みのない、「発展」のない社会になってしまう。要するに、「強者と弱者」の「高貴と卑賤」の差異なのである。大事なことは、「力の意志」を「力への意志」すなわち「権力欲」と考えてはならないと、ドゥルーズが述べた点である。[6] かれにとって意志とは「力の、力との関係」であり、それは主体だと考えられていた。主体は「関係」であり、「力の意志」は力（差異）の関係によって構成された「力を意志する主体」ということである。したがって、主体の同義語である身体も、さまざまな力（差異）の組み合わせによって構成されている。そして、こうした「力の意志」が価値転換をはかりニヒリズムを克服する原動力となる。

　ここで押さえておかなければならない点は、身体は生物学的な意味での身体と理解してはならない、ということだ。ハイデガーは「生物学に固有の領域を越えた生物学的思考の拡張」[7] によるニーチェ理解を生物学主義として批判したが、フーコーやドゥルーズも同じ立場をとる。つまり、ニーチェは純粋な「客体」は認識しえないとし、「主体‐客体」の構図を打ち壊した。わたしたちは主体の外に出ることはできないのであり、あるのは主観ばかりである、ということになる。こうしたニーチェの立場からは、主体の外に生《なま》の生物学的な身体を設定することは背理になる。ニーチェにとって身体は決して客体の側にあるのではなく、主体の側にあるということである。

　このようなニーチェの立場を徹底化させたのはフッサールであった。フッサールは、対象は主観が構成したものであり、主観の外の生《なま》の客体はどうしても人には認識しえないと考えていた。かれは、対象（世界）は、主観の働きによって意味の秩序として現われるとし、主観の「志向的意味統一」という仕組み（「内在」）が対象を認識する際の明証性（「客観性」）を保証していたと考えた。したがって、ここには主観の側で支えられた「客観」というものしか存在しない。そして、ここでいう「客観」が、真理であるかどうかの検証は不可能であり、それは括弧付きの「客観性」なのである。フッサールの延長線上に、ハイデガーや、ハーバーマスがいる。ハイデガーは存在の意味を「意味連関」として捉え、その秩序の中で存在者の存在の意味を主張し、人間のあり方の可能性を示した。要するにかれらは「主観－意識」（世界）のなかで構成される意味のうえに「客観性」をうちたてたのである。つまり、こうした立場は形而上学の外に、別の「客観」を設定し、一切をその「客観」に纏めあげていく立場となる。

これに対して、ドゥルーズやフーコーも、絶対的な客観は存在せず、人は主観のうちにとどまるとは考えていた。しかし、かれらはフッサールよりもバタイユの立場に近い。つまり、バタイユによれば、人はあの「禁じられた」ということに魅惑をおぼえ、この禁止を侵犯したいと欲望をもつ。そして消尽という非合理なエネルギーの消費へ向かう存在である。ここでは、人間を理性ということで閉じられた主観（意味）の世界につなぎとめられた存在とする一方で、他方で侵犯する不合理な存在、すなわち、主体をその臨界のギリギリのところまで開いていく存在として描写した。ドゥルーズも、ニーチェのいう価値転換では、「人はもはや生成を存在に対置させないし、多種多様なものを〈唯一なるもの〉に対置させない。……逆に、人は多種多様の〈唯一なるもの〉を肯定し、生成の〈存在〉

を肯定する」[8]とする。価値転換をはかるとは、超越的価値（理性、善、イデア）によって〈唯一なるもの〉（〈同一性〉）に纏めあげられた全体を別の〈唯一なるもの〉（「内在」、「存在の意味」、コミュニケーション的理性）に纏めあげるのではなくて、差異を差異として、多種多様を多種多様としてそのまま肯定することである。そして、ここは力（差異）の関係の場でもある。こうした立場がドゥルーズにとって、主体を外へ開いていく態度であった。フーコーによれば、ニーチェの価値転換は「認識の主体の破壊を大胆に試みることなのである」[9]。それは主体を破壊して、あの決定的に向こう側の客体に至るということではなく、「主体を分解し解体しようと熱中する一切のものを、主体のうちで解放する」[10]態度のことである。それは、理性によって整序された主体の「外」へ出ようとすることを、主体の「うち」で行なう、ということである。つまり、それは主体の側で、主体と客体の仕切りを取り払うことにより、主体を、そのギリギリの臨界にまで開いていくことであり、そこにみえる、「本能、情念、執拗な追求、きびしい残酷さ、悪意」という、おおよそ理性からかけ離れたものを、そのまま肯定する態度のことである。こうした態度をフーコーは「外の思考」と呼んだが、それは理性に整序されない不均等かつ不連続で偶然に支配された、力（差異）の錯綜した世界を、そのまま引き受ける態度のことである。

整理してみよう。フッサール、ハイデガー、ハーバーマスは、理性によって整序された自我（主観）を解体したあと、意味の世界に別の〈唯一なるもの〉（客観）を設定した。これに対して、バタイユ、フーコー、ドゥルーズにとって、理性にしばりつけられた自我（主体）の解体は、主体をギリギリの臨界まで開き、差異と力の世界をそのまま肯定することであった。この見解の相違は、ハイデガーとドゥルーズの永遠回帰の見解の相違へとつながる。つまり、ハイデガーの永遠回帰についての見解は、前者の領域にとどまっていた。

ハイデガーは、「力の意志」を、自己が自己の「いま」を意識し、それを乗り超え、より大きく、より強く生きることである、と考えた。こうした自己は、あの形而上学が掲げる絶対的目的に至るわけでないのだから、自己自身に回帰するしかない。ハイデガーはニーチェの永遠回帰をこのような文脈で捉えた。問題は、ハイデガーが「力の意志」をイデアのような絶対性として、すなわち〈本質存在〉とし、「永遠回帰」をその現象態である〈事実存在〉として捉え、そのかぎりで、ニーチェを形而上学の枠組みから抜けでていない、と批判したことである。この点をレーヴィットは次のように批判した。「ハイデガーによれば〈力の意志〉は、あらゆる存在者における（自己の存立の）〈確保〉の必然性を正当化するものであり、それゆえに真理を〈確実性〉として規定するデカルト的真理観の内部にとどまっている[11]」のである。そして、「ハイデガーほどの人が、ニーチェは存在の秘密を決して経験したことがなく、永遠性を力への意志の存立確保として表象していたなどと、どうしてあれほどの自信をもって主張できるのか、理解にくるしまざるをえない[12]」と批判した。永遠性（〈事実存在〉）を、力の意志（〈本質存在〉）の表象（現象）として、つまり「〈本質存在〉－〈事実存在〉」の形而上学的二元論で捉えたハイデガーの姿に、レーヴィットはニーチェを乗り超えなければならなかったハイデガーの勇み足をみたのである。そして、ハイデガーは永遠回帰を自己から出発し、やがては自己に回帰する反復として捉え、〈唯一なるもの〉の運動と考えた。ここでは、「力の意志」というイデア（〈本質存在〉）の同質的時間概念があるばかりだ。（もちろん、ハイデガーは、これ以外のところでは、形而上学的問題設定から脱却をはかる思想家であることは、いうまでもない。）

ドゥルーズは、永遠回帰を選択的プロセスだと捉えた。ここでは否定が排除され、肯定のみが回帰する運動なのである。つまり「肯定だけが回帰するのであり、肯定されうるものだけが回帰し、歓喜のみがたち戻る」[13]のである。ただし、永遠回帰は〈唯一なるもの〉が〈唯一なるもの〉へ回帰するのではない。人間は歴史の中で、反動的存在であり、「力の意志」（差異のエネルギー）をニヒリズムと組み合わせてきた。永遠回帰は、こうした人間を拒み、差異のエネルギー（「力の意志」）を肯定へと結びつける運動であり、〈唯一なるもの〉の反復ではなく、〈異なるもの〉の反復として捉えられた[14]。何よりもハイデガーとドゥルーズの相違は、〈唯一なるもの〉と〈異なるもの〉の相違である。

ここには、存在者の存在の意味を時間的に〈唯一なるもの〉に纏めあげていくハイデガーの思考と、主体をその臨界のギリギリのところへ開いていく差異の思考の相違がある。当然のことだが、フーコーは後者に加担している。この相違は双方のニーチェ観に現われた。つまり、マイケル・マホンに言わせると「ニーチェは西欧の哲学的伝統における最後の形而上学者を演じた、とするハイデガーとは逆に、フーコーは西欧の哲学的伝統における最後の形而上学のつまらなさを暴きたてたものとしてニーチェを読んだ[15]」ということである。

二　系譜学の素描

「主観－客観」の仕切りを取り払ってしまったニーチェは、歴史に対していかなる態度をとるのか。系譜学はニーチェの歴史に対する態度表明である。考古学に限界をおぼえたフーコーはニーチェの系譜学に次の思想的足場をもとめた。とにかく、フーコーの系譜学を検証してみよう。

フーコーはニーチェの系譜学を以下のように概括する。ニーチェにおいて形而上学的歴史観は、起源（Ursprung）を求めるとされた。起源とは、人が理念のうえにつくった絶対的始まりなのである。この起源の陰画となるのが、歴史の絶対的目的である。この場合、歴史は理念のうえでの〈唯一なるもの〉の移行となる。おおよそ形而上学の理性は、全体化と中心化の作用をもっている。形而上学的な発想にならされたわたしたちは、複雑な歴史を一つの纏まった全体として説明したくなる。それも、不変の本質という強固な説明軸によって、纏めあげたい誘惑にかられる。とくに、歴史は「いま」目の前にある現実ではなくて、想像しなければならない過去を取り扱うから、こうした誘惑はなおさらのことである。したがって、フーコーは「系譜学は〈起源〉についての探求と対立関係にある」[16]と論じる。

まず、起源をもった、形而上学的な伝統的歴史観から検討してみよう。ニーチェが反対した伝統的歴史観は、次のような三つの相をもつとフーコーは考えた。

(1)まずは「歴史‐想起または再認のテーマ[17]」である。それは「現実」の歴史的事象を、別の代用物でも説明する立場のことである。伝統的歴史観においては、「現実」の歴史的事象を、理性によって整序された意味によって説明するが、その際、その歴史的事象を別の事象で、別の象徴で、別の言葉で表象する立場のことなのである。たとえば「フランス大革命にはローマのモデルが、ロマン主義には騎士の甲冑《かっちゅう》が、ワーグナーの時代にはゲルマンの英雄の剣が、次から次へと提供された[18]」のである。ここでの、「ローマのモデル」、「騎士の甲冑」、「ゲルマンの英雄の剣」は、より大きな強度のある象徴として、「フランス大革命」や「ロマン主義」や「ワーグナーの時代」を表象するという具合だ。つまり、「われわれの弱々しい固別性が過去のきわめて実在性をもつアイデンティティーと同一化しようとする[19]」ことなのである。こうした手法はアルチュセールが、大文字の主体（SUJET）と小文字の主体(sujet)によって、主体の「再認‐保証のメカニズム」を説明した原理と類似している[20]。

(2)次は「歴史‐連続」というテーマである。それは理念上につくられた起源から目的へと至る〈唯一なるもの〉のプロセスとする立場のことである。ここでは理念の上でつくられた超越的価値（「人間」、「自由」、「善」）によって、歴史の一切が説明でき、歴史はこうした「価値」〈唯一なるもの〉の連続だと捉えられる。つまりどこを切ってもその「価値」が顔をだす金太郎飴なのである。

(3)三番目は、歴史を認識する「中立的で、あらゆる先入観を欠いた、真理だけに没頭する[21]」主体というテーマである。ニーチェの考えでは「歴史は一つの解釈」なのであるから、ある人が歴史を認識する際、その人の社会的立場や育ってきた環境、またはその人の個性や、イデオロギーによってその解釈は色付けされているはずである。しかし、伝統的歴史家は、本来ありうるべきはずのない「中立」かつ「公正」な立場に立っていると公言する。理念のうえに描いた超越的価値は、「真理」であり「正しさ」を表象する歴史をつくりだす。そして、中立・公正な立場というのは、こうした「真理」や「正しさ」の陰画として、生みだされるのである。つまり理性によって統御された主体が透明な認識によって、あのまったくのむこう側に配置された歴史的事象（客体）を把握するのであるが、ここで「主体と客体の一致」により真理が産出される。このとき、主体のもつ「中立・公正な立場」とは、「透明な認識」の別名にほかならない。そして、歴史を認識する主体（歴史家）は、「差別をつけずにすべてを受け入れ」、「何ものも排除せず」、「自分好み」や「偏愛」を介入させない立場をとるのである。

伝統的歴史の三つの相に対して系譜学は反対する。(1)のある歴史的事象を別の代用物（象徴）によって表象する立場について、フーコーは次のように論じる。

立派な歴史家、系譜学者は、こうした仮面の仮装行列についてどう考えるべきかを自ずと知っている。かれはきまじめにこうした仮装行列を押し戻すわけではなく、逆にそれを極端にまで煽動しようとするのだ。さまざまな仮面がたえず立ち現われ続ける、時間の大カーニバルを開催しようとするのである。(22)

さまざまな代用物（仮面）の仮装行列を排除するのではなく、それにどっぷりつかることが形而上学的な歴史観に対する、系譜学の態度なのである。それは、一つの歴史的事象に対して、さまざまな仮面（象徴）をかぶせ、まさにパロディー化すること、象徴の意味を無効にする企てである。つまり、一つの事態に一つの仮面（それを象徴する本質）をかぶせ、同一性として描こうとした歴史に対して、系譜学者は複数の差異に分裂した仮面をかぶせ、パロディーにしてしまおうとするということだ。そして、こうした企てによって、「仮面のもとにまとめあげ、確保しようとする同一性」[23]、つまり「本質－同一性」（「超越的価値」）なるものは、じつにあやふやなもので、一つのパロディーでしかない、ということがわかってくる。この企ては、理性によって閉じられた歴史を開けてしまうことになり、人はそこに「複数のものが同一性に宿り、無数の魂がそこで相争い、さまざまな体系が交叉しあい、相互に支配しあっている」[24]差異と力関係の歴史をみいだす。当然のことながら、パロディー化の企ては(2)の「歴史－連続」の解体につながる。

系譜学による「歴史－連続」の解体を検証してみよう。伝統的歴史観では、超越的価値（「根本」）によって、歴史を一つのまとまりとして閉じてきた。つまり、伝統的歴史学者は理性によって整序された観点（主観）から歴史的事象を観察し、それを主体の絶対的外側に、生《なま》の現実的事実（実体）として配置するのである。しかし、それは本当の「外側」ではなく、伝統的歴史学者の観念のなかで描かれた想像物なのである。したがって、歴史は理性によって整序された意味の内部にとどまり、意味の連続体となる。そして、こうした歴史家は理性が「超越的価値」という中心に纏めあげられているかぎりで、歴史を理性の中心によって支えられた本質（根本）によって纏めあげる。

系譜学は、中心で纏めあげられた、同質的な歴史を異質へと開けようとする試みである。すなわち「系譜学的に導かれた歴史の目標は、われわれの同一性の根を再発見することではなくて、逆にそれを一掃することに没頭することである」[25]。ここで系譜学がみいだす歴史は、ところどころで亀裂が入る断絶した不連続の歴史であり、一つの中心に纏めあげられているものではなく、周辺に分散した不均等な歴史であり、同質なものの連続ではなく、異質なものの寄せ集めとしての歴史であり、そこでは、さまざまな力関係が錯踪している。
(3)の「中立・公正」という立場をとる伝統的歴史家に対して、系譜学は歴史家という「認識の主体を手放す」ことを主張する。それは「認識の主体」の破壊を意味するが、こうした破壊は次の二点において達成されると、フーコーはした。第一点目は「不公正に立脚しない認識はありえない」[26]ということである。歴史が一つの「解釈」である以上、そこには歴史家がかかえる文化や社会背景やさまざまな状況が反映されているはずであり、そのかぎりで、中立・公正な立場など存在しない。第二点目は、「認識の本能は悪いものだ」ということである。伝統的歴史家の認識は、理性の想像物（倫理、道徳、善、禁欲主義）で保護されており、人間があたかも幸福をめざす存在であるかのような幻想を与える。しかし、理性からはずれた本能という視角をとると、そこには、嫉妬、欲望、悪意などによって描かれた世界がある。認識は「善い－幸福」という観点からよりも、「悪い」観点からはかることが肝要である。

フーコーは、これらの二点を歴史家が徹底的に自覚することによって、「認識の主体」は破壊される、とした。つまり、歴史を理性により、一つの纏まった連続体として「認識する主体」を、そして理性に投錨された「自我」を解体することになる。当然のことだが、「自我」を解体するといっても、わたしたちは主体（自己）を放棄して他者になれるわけではないし、自己の外へ出ていけるものでもない。フーコーの系譜学が主張するのは、主体をその臨界のギリギリのところまで開いていくことによって、さまざまな歴史的事象の存在を支えている条件を直視することである。

「自我」を解体した歴史家が認識する歴史は、ニーチェのいう「実際の歴史 wirkriche Historie」であり系譜学である。フーコーは系譜学を次のように語る。

〈実際の〉歴史は出来事をそれのもつ特異で深刻なもののうちに再現させる。出来事とは、ある決定、ある条約、ある統治、ある戦いではなくて、転倒する様々な力関係、独占される権力、これまでに利用してきた者に対して再把握され投げ返される語彙、弱まり、ゆるみ、腐敗する支配とひそかに登場する別の支配のことだと了解しなければならない。(27)

〈実際の〉という修飾語は、少々誤解を招く恐れはあるが、〈実際の〉とは認識をその臨界までもっていく態度のことである。そして、わたしたちが認識の臨界でみるのは、意味の連続体ではなく、意味が分断された諸々の出来事である。それは観念のなかで意味づけされたさまざまな歴史的事象（ある決定、ある条約、ある統治、ある戦い）ではなく、意味から離れた力関係であり、意味から離れた語彙であり、意味の外の支配である。おおよそ、理性によって整序された意味の世界の下には、さまざまな差異や矛盾、亀裂があり、それは力の関係だ、とフーコーは考えた。歴史のなかの力の関係は、ある必然によって方向づけられるのではなく、「闘争がもつ偶然性に、まさしく従うもの」[28]であり、常に権力へせり上がっていく、権力への意志を孕んだ力でもある。要するに、系譜学というのは、一つの纏まった連続体として、起源から目的へと進歩する歴史ではない。それは差異や矛盾や亀裂が生みだした諸々の力関係が錯綜する出来事の歴史を、そして、いたる所で断絶し、不平等であり、周辺に分散した歴史を対象とする。当然、こうした系譜学では、病院、学校、教会、兵舎、監獄、工場など、ありとあらゆるところで存在した知、習慣、道徳、制度、規則などが赤裸々な力関係に、そして権力の関係にさらされることになる。

ところで、伝統的歴史学が絶対的始まりとしての「起源」（Ursprung）をもとめたのに対して、ニーチェが系譜学を「由来」（Herkunft）と「現出」（Entstehung）の探究だと考えたことに、フーコーは着目した。つまり、「由来」や「現出」は「起源」と対立するのである。「由来」は歴史の連続性に対するアンチテーゼである。たとえば、人が「日本人」を考える場合、まずア・プリオリに「日本人」という同一性を設定し、そこから一切の過去を説明しようとする。そのとき、太古の昔、さまざまな人たちがさまざまな方向から日本列島に渡来し、融合したことや、漢字、仏教、儒教などの諸々の文化がその後「日本人」に組み込まれたことなどから、「日本人」の複雑性を論じてみても、それは「日本人」という同一性から整序され、秩序化された説明のなかに収まってしまう。どうしてもわたしたちには、「日本人」を纏まった同一性のもとに捉えたい、という願望がはたらいており、そこから過去を説明したいものである。したがって、複雑性や異質さは、必ず「日本人」という同一性に統合されるよう予定されている。要するに、人は想像上で絶対的価値（「日本人」という同一性）をつくりだし、そこから過去を意味づけてしまうのである。

「由来」は、絶対的価値や、目的や、真理に収斂するよう約束されているはじまりを探究するのではない。それは、出来事を一つの目的に纏めるのではなく、「起こったことを本来の散乱状態のまま維持することである」(29)。伝統的歴史は想像のうえで、意味によって始まり（起源）をもとめるが、「由来」は出来事の多様性と異質さのなかに始まりを探求する。それは、理性をもった絶対的な主体が、「理性－真理」に支えられた客観としての過去をみいだす形而上学への批判であるだけにとどまらない。「主観－認識」の限界を自覚しながら、逆にそれを自覚することによって、「真理－客観性」とはちがったかたちで、つまり客観性を括弧でくくることによって、さまざまな過去の事象を現代の意味から位置づけようとした解釈学への批判でもある。じっさい、解釈学は現代の意味に過去を纏めあげようとするのに対して、「由来」（あるいは系譜学）は、現代の意味の境界にまでいくことによって、過去の諸々の出来事を分散させ、その存在をそのまま明らかにするのである。つまり、わたしの考えるところでは、「由来」は解釈学の乗り超えをも含んでいる。

次に、「現出」は力関係にかかわる。伝統的歴史観では「いま」という「最終項」によって、過去の歴史を説明する。つまり、「いま」の価値や論理で、過去を推し測り、説明するのである。この説明では、歴史は外見上、差異や亀裂や断絶のない連続体にみえる。「現出」とは、「いま」の価値や論理による説明の下に潜む力関係を現出させることなのである。フーコーは「人が他者を支配する、そこから諸価値の差異が生まれる。階級が他の階級を支配する、そのことによって自由の観念が生じる」[30]と述べた。すなわち、ある価値が他の価値から区別される優越化や、自由の観念は、その下に潜む、自由や価値の下に隠されたさまざまな力関係によって支えられている、ということだ。そして、「現出」は、価値や自由の観念や論理によって説明された歴史の下に潜む力関係を暴くことなのである。

またフーコーは支配を「規則の宇宙」と考えた。ただ、「現出」がみいだす規則は、暴力や力関係を和らげ、固定化し、服従させるものではない。フーコーは「規則は丹念にくり返される暴力を演出するものなのである」[31]とし、そこに力関係が組み込まれ、力関係を助長するものとして規則を捉えた。ここでフーコーが「規則」と呼んでいるものは、「構造」（あるいは「形式」）と呼び換えてもよいだろう。「現出」には構造主義への批判が含まれている。もともと構造主義は、全体を貫いている構造が、諸々の構成要素をも寸分なく説明できる、という原理である。ここでは、さまざまな諸要素が構造によってがんじがらめに固定化されており、スタティックな形式主義のような印象を与える。フーコーは「現出」を「力の対決の場」の出現であるとし、規則（構造）は力関係を固定化するものではなく、助長し、つき動かす原動力である、と考えた。フーコーにとって、歴史とは、構造によって寸分のくるいなく諸要素が配置されているという、あのスタティックな全体ではなく、そのなかで諸要素は置換され、補充され、組織的に変換されるようなダイナミックな力関係の束なのである。要するに、「現出」には、一切を力関係にさらすことで、構造主義を乗り超えようとする試みが含まれているのである。

フーコーの系譜学は、さまざまな出来事を一つの意味に纏めあげるのではなく、意味の「外」に分散させ、また、さまざまな出来事を構造（全体）によって寸分の余地なく説明するのではなく、力関係のダイナミスムにさらすことであった。要するに、フーコーの系譜学は前者によって解釈学を、後者によって構造主義を一挙に乗り超える試みであった。

三　系譜学のゆくえ

フーコーは「わたしの目的は、わたしたちの文化のなかで、人間が主体として構成されているさまざまな様式についての一つの歴史を創設することであった(32)」と述べた。つまり、フーコーの系譜学の目標は、主体がどのように構成され、どのように存在しているのか、を問うことである。

系譜学は、歴史を一つの解釈だとみなしてきた。ここで大事なことは、解釈の内容を問うことではなく、「だれが解釈しているのか」を問うことである。当然のことだが、こうした主体は透明な認識をもち、完全に主体の外にある「客体」をそのまま認識しうる形而上学的な主体ではない。それは、さまざまな力関係が錯綜する歴史的状況のなかで、形成され、存在している経験的な主体のことである。経験的主体は透明な認識をもたず、その認識は有限であり、真理に届くことはない。したがって、その解釈が正しいかどうかを測る絶対的基準は存在しない。要するに、解釈の意味や価値を問うても、詮無いことであり、経験的主体の形成や存在の態様を問う歴史的存在論が大事だ、とフーコーは考えた。

歴史を存在論と捉えたところは、フーコーはハイデガーと似ている。そして、この点でニーチェと異なる。ドレイファスとラビノウに言わせるならば、「フーコーが細部にいたるまでニーチェに一致しているとはいえない」[33]のである。ニーチェは、理性から排除された「邪悪さ、悪意、怨念」というルサンチマンの歴史を描いたのに対して、フーコーは、さまざまな権力関係のなかで、形成され、存在している主体の歴史を構想したのである。

フーコーの歴史的存在論は、一種のマテリアリスムである。このマテリアリスムは、理念の上でつくられた意味の連続性によって出来事を捉えようとするものではなく、また解釈によってその価値を与えるのでもなく、ただ結果としてある出来事の記録を集めることを旨とする。こうしたマテリアリスムは、あの「観念‐物質」という形而上学的二元論による唯物論とは異なる。そうした唯物論は観念に虚偽を、また物質に真理を充当するが、「主体‐客体」の仕切りを取り払ってしまったフーコーにとって、観念と物質はお互いがその「外」に配置されたものではなく、相互に組み込まれて存在している。[34] そして、人が考えたり感じたりする行為の結果は物質的に表われるので、その結果(物質性)

を、そのまま集めることで人の観念を描くことができる、とする。要するに、フーコーのマテリアリスムとは、一切の意味や価値を断ち切り、経験（結果）のレヴェルに現われるさまざまな出来事を集積する「慎しみ深い経験主義」なのである。

そして、フーコーは過去の歴史の中に現われる、さまざまな出来事や事象の結果を積み重ね、そのぶ厚さのなかで、主体を浮き彫りにし、主体の存在の態様を描いた。ドレイファスとラビノウはこうした系譜学によって、「フーコーは、近代的個人を客体および主体として構成する際役立った、わたしたちの文化のなかで行なわれるさまざまな文化的営みについての分析様式を作ろうとしているのである(35)」とした。ドレイファスとラビノウのいう「客体」としての個人と「主体」としての個人とはいかなるものであるのか。

フーコーは、近代の権力は、何よりも身体を標的にしているとした。まず十七世紀以後、一つの統治技術が生まれたが、それは「身体への働きかけ、つまり身体の構成要素・動作・行為にたいする計算された操作たる強制権による(36)」権力のテクノロジーのことである。これは身体を検査し、査定し、分解し、再構成することによって、有用性にしたがって、こちらの思いどおりに身体を作動させる効率本位のテクノロジーである。規律権力（discipline）は、学校、兵舎、病院、工場、監獄などさまざまな領域へ、諸々のかたちをとりながらも、またたく間に広がった。

また、十八世紀には、告白を旨とする権力のテクノロジーが生まれた、とフーコーは主張する。それをフーコーは「司牧権力」（le pouvoir pastral）と名づけた。古代オリエントにおいて、牧人は羊の一頭一頭を、頭をなで、個々に監視し、すみずみまで配慮がゆき届くように育てた。中世のキリスト教社会では、司祭は、牧人のように教徒の告白を聞き、指導し、善き信徒へと導いた。それは個々人に内面や行動を隠さず語らせることによって、個々人を教会の伝統的権威に服せしめ、救済の保証を与えるメカニズムのことである。つまり、伝統的権威に服従することによって、自己の認知と保証を得、個人として構成される技法のことなのだ。ここでは個々人を主体（sujet）とすると同時に、救済された自由な主体（sujet＝臣下）として構成する権力の巧妙なテクノロジーが潜んでいる。そして、こうした司牧権力は、家庭での子供と親や、病院での医者と患者、警察での取り調べ官と容疑者などの間に急速に拡まった、とした。そして、ヴィクトリア朝時代以来、一見最も隠されてきたと思われていた性が告白のターゲットであった、とフーコーは主張する。要するに「真実の告白は、権力による個人の形成という社会手続きの核心に登場してきたのである(37)」。

規律権力は、身体を検分し調教し、「効果的で経済的な管理システム」へ組み込む手続きであり、それをフーコーは「解剖‐政治学」とよんだ。そして、「解剖‐政治学」の対象となった身体は、適応させられ管理されるだけではなく、爆発的な生産力や破壊力を生みだす権力のテクノロジーによって構成されたのである。また、司牧権力は個人に性や真実を告白させることによって、自己をアイデンティティーにつなぎとめる主体を構成した。こうした主体は、性や生活を管理し、欲望を調節し、生殖を管理する「種である身体」となることを要請される。それは、「繁殖や誕生、死亡率、健康の水準、寿命、長寿」など生物学的プロセスに支えられた身体のことである。この身体を調整・管理する手続きを、フーコーは「生‐政治学」と名づけ、それは経済や政治から要請される人口調整に関わる、とした。

ところで、フーコーは規律権力や、司牧権力を膨大な記録や資料のぶ厚さのなかであぶりだした。それはさまざまな権力の行使の、そして抵抗の跡形や記録をていねいに集め、それらを平面上の点として印し、それらの点を線でつないだ結果である。こうした作業をするフーコーをドゥルーズは「地図製作者」と呼んだ。そして、諸々の点をつないで描かれる権力のテクノロジー（規律権力、司牧権力）をドゥルーズはダイアグラムと呼び、「ダイアグラムとは、何かが構成される際、それに固有な諸々の力関係の表出のことである(38)」と定義した。

整理してみよう。フーコーは近代的個人がどのように形成され、存在しているのか、を問うた。そこに浮かびあがってきたのが、ダイアグラムである。つまりさまざまの出来事を積み重ねてみると、規律権力という権力のテクノロジーをとおして、「客体」としての個人（身体）が形成される手続きと、告白によって個々人をアイデンティティーにしばりつけ、「主体」としての個人が形成される手続きが浮かびあがってきた、という寸法である。したがって、ダイアグラムはみるもの（「主体」）とみられるもの（「身体」）をつなぐ蝶番《ちょうつがい》なのである。大事なことは、フーコーはこうしたダイアグラムを、さまざまな出来事が一つの意味によって纏めあげられているものとして捉えたのではない。かれは、偶然現われたさまざまな出来事を、できるだけ偶有性のなかで散したかたちを維持しながら、意味をはなれた物質的な線でつないだのにほかならない。要するに、フーコーは理性に基づく意味から離れたマテリアリスムという手法でもってダイアグラムを描き、出来事の分散という系譜学の手法を維持した。もうすこし深読みするならば、マテリアリスムという方法は、形而上学の外に別の意味を設定し、そこに一切を纏めあげる解釈学を乗り超えようとするフーコーの意図がある。

ドゥルーズは、ダイアグラムが「力の関係の表出」であり、主体がダイアグラムという力関係をとおして形成される、とした。規律権力や司牧権力というダイアグラムは、一方的に個々人を権力にしばりつけるだけのものではない。フーコーは「権力関係が、定義上脱出の手段である不服従（抵抗）の観点なしに存在することはありえない[39]」とした。抵抗があってこそ、それを押し潰す権力が必要なのであり、抵抗のないところに権力など必要ないのだ。言うならば、それは作用と反作用の関係なのである。したがって、近代の権力のテクノロジーは、支配と抵抗の、またさまざまな勢力が拮抗する場として描かれるのである。つまり、フーコーはダイアグラムを力関係にさらすことによって、系譜学の方法を維持し、ダイアグラムという構造が時代の一切を寸分なく説明する、スタティックな構造主義を乗り超えようと試みた、ということである。

四　系譜学への批判

最後に、系譜学への批判を紹介し、そのことを手掛かりにして、フーコーの系譜学の意義と限界を明示しておこう。フーコーの系譜学に対して、最も鋭い批判を投げかけたのは、ハーバーマスであった。かれは「㈠意図せざる現在中心主義、㈡不可避の相対主義、そして㈢恣意的な党派性」[40]という三点でフーコーの系譜学を批判した。

㈠について、「中立・公正」な認識の主体を「手放す」系譜学においては、歴史家は予断と偏見に彩られた認識しかもてないはずである。そうであるならば、フーコーも「現在」の時点でかれ自身をとり囲んでいる意味や価値（あるいは予断と偏見）をとおしてしか、過去の出来事をみていないはずである。もともとフーコーのマテリアリスムは、意味や価値の外に出る立場のことであった。こうした立場は予断や偏見から離れ、出来事をそのまま精密かつ正確に映しだす「客観性」があるようにみていたのも事実である。人は予断と偏見に彩られた立場しかもてない、ということを強調すればする程、マテリアリスムの立場は危なくなる。ここでフーコーは「理性を批判しようとする企てが、自己にはねかえってその批判の前提そのものを危うくする[41]」、という自己言及的アポリアに陥っているのである。その結果、フーコーも「現在」の時点で、意図せずにかれをとり囲んでいる意味や価値から過去の出来事をみる「現在中心主義」に陥っている、とハーバーマスは批判する。

フーコーは自らの系譜学を「現在というものの歴史の執筆である[42]」とした。ドレイファスとラビノウは、フーコーの歴史学について、過去を目的として、それを現在という手段で描くのではなく、現在を目的として、過去という手段でそれを描いた、とする。すなわち、ふつう「現在中心主義」とは、過去を描くのに、「現在」の文化が共有する意味で過去の事象の「客観性」を保障する解釈学的立場のことである。ドレイファスとラビノウによれば、フーコーは「現在」を描くことを目的としており、過去の事象は「現在」の事象を説明するための手段でしかなく、過去を描くことを目的とした「現在中心主義」という批判はあてはまらない、とした。したがって、過去の事象は周辺に散らばった目だたぬ事象で十分であり、それらは「今日の政治的技法（テクノロジー）の中心となる構成要素」[43]としてのみ存在の意味をもつのである、とした。しかし、かれらの説明では、あまりにもインパクトが弱い。

ある意味では、たしかにフーコーは「現在中心主義」に陥っているかもしれない。フーコーを含めて、すべての歴史家は、現在の意味や力関係によって構成されている主体の外に出ることは不可能である。そのかぎりで、フーコーという主体も現在の意味や意義（予断と偏見）によって色づけされている。そして、この主体には、対象を意味の整合した一つのまとまり（全体）として捉えたいという欲求が働いている。こうした欲求による認識には、あたかも慣性の法則のように自然にみえる「現前の明証性」が働いている。フーコーはニーチェと同様、この「現前の明証性」に徹底的に逆らう。それは主体（主観）の臨界のギリギリのところまで行こうとする態度なのである。ただ、人は主体（主観）の外へ出られない存在であるかぎり、主体（主観）の内部での態度となり、そのかぎりで超越的立場に立っているわけではない。つまり、何かと比べて、より境界に近い、ということしかいえない。ともあれ、フーコーのとる態度は、「現在」の意味や価値から疎遠なマテリアリスムを生みだした。それは過去のさまざまな事象を一つの意味に纏めあげていくことではなく、分散を志向するものであった。だが、厳密な意味では、マテリアリスムも一つの意味でしかない。主観の限界を示した現代思想にとって、自己言及的アポリアから抜けだすことは、本質上不可能である。肝要なのは、主体の臨界のギリギリへと自己を開くことが、自己言及的アポリアの克服にむけたフーコーの態度だったということである。

㈡について、ハーバーマスの批判はおおよそ以下のものである。フーコーにとって、一切の知は権力と結びついていた。そのかぎりで、一つの知の妥当性請求は権力の内部にとどまり、権力行使の線に沿って行使される。つまり、ある知が主張する真理は、その知を支えている権力関係の優劣によって決定されるということだ。つまり「妥当性請求の意味は、権力としてそれがいかなる働きをするかにある」[44]ということになる。そして、系譜学もこうした権力関係から免れているわけではない。

ハーバーマスによれば、フーコーは自らの系譜学の優越性を「系譜学的な歴史の記述自身が生成してくる歴史のなかに」[45]みいだす。つまり、本来系譜学は理性から排除された非理性（狂気、犯罪、性倒錯）によって、理性に整序された歴史を無力化する試みであった。しかし、フーコーの営みは理性によって排除された非理性（狂気、犯罪、性倒錯）に対峙する反権力の側の歴史となる。ハーバーマスが言いたいのは、このとき系譜学が、権力に抵抗する側に味方するからこそ、権力内部で構成される真理を超える、とフーコーは考えたはずである、ということであった。すなわち「知としての資格を奪われた、ひとびとの知と結びつくからこそ、系譜学による再構成の作業が他よりもまさる」[46]のである。しかし、ハーバーマスは、こうした態度はルカーチに似ていると批判する。ルカーチは、プロレタリア階級について、ブルジョア階級よりも、搾取されているというその占める位置によって、普遍的階級であり、普遍的認識をもつとしたが、ハーバーマスによれば、その普遍性を支える根拠は、搾取をされているということ以外、何もない。そして、フーコーの系譜学も同じコンテクストにある、とする。とどのつまり、権力関係のなかで反権力の知が勝利したとすると、そのときから、対抗権力の知がうまれる。そして、その反復が続くばかりである。ハーバーマスは、この反復のなかで、フーコーの系譜学の優越性を保障するものは何もなく、そのため相対主義に陥らざるをえない、と批判した。

たしかに、ハーバーマスの指摘はあたっている。フーコーの系譜学は、一切の「客観性」を排除してしまう以上、妥当性請求の基盤を無くしてしまう。だが、フーコーにとって、一つの知の真理請求は、その知を整合性へと纏めていく理性によって行なわれる。そして、こうした理性は、つねに「真理への意志」につながる危険を孕んでいる。どんな知も権力の関係にさらされている以上、真理は権力につながる可能性がある。わたしたちは、かつてユートピアを実現すると思われたレーニン流社会主義が、巨大な管理‐権力国家をつくりあげたことも知っている。また、ウェーバーが「職業としての政治」で述べたように、実際の権力社会では「正しい行為」が「正しい結果」をもたらすわけではない。そうである以上、表向きは「中立・公正」であったり、「正しく」みられる知が、権力や暴力を助長するよう働くことはよくある。そのことをフーコーは、精神医学や司法制度の研究のなかで論証した。権力とむすびつく真理は、あの形而上学的理性だけではない。そこから離れた批判理性やコミュニケーション的理性もしかりなのであり、フーコーはこれらの「理性」をも括弧にいれようとする。

フーコーにとって大事なことは、「理性 - 真理」が権力と結びつく危険を孕んでいる以上、それを排除することである。しかし、そうなると、系譜学が「正しい」かどうかを測る基準を失い、相対主義に陥る。ここで、フーコーの系譜学が要求するのは、理性に対しては非理性を、権力に対しては反権力を志向する態度である。そして、この態度が相対主義を克服する契機となるはずである。ただ、ここでも疑問は残る。それは、権力関係のなかで、何らかの規範やそれに基づく目的もなく、ある一方に加担できるのか、そして、それが創造的な結果をもたらすのか、という疑問である。こうした疑問は㈢の批判につながる。

㈢について、ハーバーマスは「そもそもなぜわれわれは権力に服従せず抵抗しなければならないのか」[47]と問いかける。たしかに、系譜学においては、「正しい - 誤り」、「真 - 偽」、「善い - 悪い」を測る絶対的基準が排除されている以上、「権力 - 抵抗」の関係において、抵抗の側に加担しなければならない根拠は存在しない。「規範概念を導入しなければ、フーコーは近代の権力/知の体制の誤りは何か、またなぜその体制に反対すべきかを語りはじめることはできない」[48]とするフレイザーの指摘は的を射ている。要するに、規範概念が存在しなければ、なぜ抵抗しなければならないかを説明できない、ということだ。

フーコーは正面きって、この問いかけに答えることはなかった。ただ、ハーバーマスが指摘したように、消極的ではあるが、フーコーは抵抗の根拠に自由を考えていた。フーコーの自由は理性とむすびついた伝統的自由観ではない。伝統的自由観における自由は、理念の上に描いた想像上の産物であり、絶対的自由（ユートピア）を前提にしている。ここでは、歴史は権力の縮小と自由の拡大のプロセスであり、やがては完全な自由がえられる、という構図になる。フーコーはインタビューの中で、「わたしは——本性からみると——機能上絶対的な自由（解放）なるものがあるとは信じていません。自由（解放）とは実際行為であります。じっさい、ある強制・束縛をゆるめ、それをより自由にし、さらにはそれを破壊するようなことを目指した企てというものは一定数あり得るでしょう[49]」と語った。つまり、絶対的な自由（目的）など存在しない。あるのは管理や拘束の具体的状況のなかで、快－不快のような最も本能的感情に照らして、それよりも良い方を自由とするような、相対的、暫定的な自由なのである。抵抗の基礎をこのような自由に求めるフーコーの系譜学は、権力をくつがえして、新しい世界を創造するという点では、非常に弱々しい。すべての権力に、無条件にその都度反発する万年野党の姿とみてしまう。そのことにハーバーマスはいらだつ。

フーコーとハーバーマスの差は、ニーチェにどう対処したかに尽きる。コミュニケーション的理性によって妥当性請求をかかげ、意味の世界に「客観性」をうちたて、未来を志向するハーバーマスにとって、「客観性」を排除することにより、知の体系性や統一性をこわしてしまい、未来を不毛の連鎖としたニーチェは許しがたい存在なのであった。出来事の分散と力関係へ認識を開いていくフーコーの系譜学は、伝統的な知を支えているエピステーメをドラスティックに変更し、過去から現在へと至る歴史的事象のあり様を存在論的に示し、見事にリアルな分析を提示した。しかし、こうした系譜学にも限界はある。それは過去は分析できるが、未来を創れない、ということだ。フーコーは、自己言及的アポリアを、自己の主観をギリギリの臨界にまで開くという態度で、耐え、克服しようとした。しかし、そのことは本当にハーバーマスの批判に答えたことになったのだろうか。フーコーはハーバーマスの批判に明確に答えるため、抵抗の根拠となる自由を主体との関連で描こうとした。そして、それは後の自己を配慮し自己を創り上げる、フーコーの倫理へとつながっていく。つまり、フーコーは自らの限界を認め、それを克服するため、自己の倫理という独自の啓蒙理論へ、問題の関心を移していく。

(1) G. Deleuze, *Foucault*, Éditions de Minuit, 1986, p.77.（宇野邦一訳『フーコー』河出書房新社、一九八七年、一一一頁）
(2) ニーチェ『この人を見よ』〈ニーチェ全集〉川原栄峰訳、理想社、一九八〇年、一二一頁。
(3) 同上、一二三頁。
(4) ニーチェ『権力への意志』下〈ニーチェ全集〉原佑訳、理想社、一九八〇年、一七二頁。
(5) G. Deleuze, *Nietzsche*, P.U.F., 1965, p.24.（湯浅博雄訳『ニーチェ』朝日出版社、一九八五年、四五頁）
(6) Ibid., p.24.（邦訳、四四頁）
(7) ハイデッガー『ニーチェ』中〈ハイデッガー選集〉、細谷貞雄訳、理想社、一九七七年、六三頁。
(8) G. Deleuze, op.cit., p.36.（邦訳、六六頁）
(9) M. Foucault, Nietzsche, la Généalogie, l'Histoire, 1971, *Dits et écrits*（以下*Dé*と略記）*II*, Gallimard,

1994, p.156.（伊藤晃ほか訳『ミシェル・フーコー思考集成Ⅳ』筑摩書房、一九九九年、三八頁）

（10） Ibid., p.155.（邦訳、三六頁）

（11） K・レーヴィット『ハイデッガー――乏しき時代の思索者』杉田泰一ほか訳、未來社、一九六八年、一八一頁。

（12） 同上、一八四頁

（13） G. Deleuze, op.cit., p.38.（邦訳、七〇頁）

（14） 財津理氏は、ドゥルーズの永遠回帰を「差異から出発して、永遠に差異を経巡る変身の時間的総合であり、同じものから出発して同じものに戻る時間的運動ではない」とした。ここでいう「同じものの時間的運動」というのは、ハイデガーの永遠回帰を指しており、ドゥルーズとハイデガーの違いを「差異」と「同じもの」との差である、とした。（「ドゥルーズとニーチェ」『思想』、岩波書店、一九九五年九月、四七頁参照）

（15） M. Mahon, *Foucault's Nietzschean Genealogy*, State University of New York Press, 1992, p.116.

（16） M. Foucault, op.cit., p.137.（邦訳、一一二頁）

（17） Ibid., p.152.（邦訳、三三頁）

（18） Ibid., p.153.（邦訳、三四頁）

（19） Ibid., p.153.（邦訳、三四頁）

（20） 柳内隆／山本哲士『アルチュセールの「イデオロギー」論』〈プラチック論叢〉三交社、一九九三年、参照。

（21） M. Foucault, op.cit., p.155.（邦訳、三六頁）

(22) Ibid., p.153.（邦訳、三四頁）

(23) Ibid., p.154.（邦訳、三五頁）

(24) Ibid., p.154.（邦訳、三五頁）

(25) Ibid., p.154.（邦訳、三五頁）

(26) Ibid., p.155.（邦訳、三六頁）

(27) Ibid., p.148.（邦訳、二七頁）

(28) Ibid., p.148.（邦訳、二七頁）

(29) Ibid., p.141.（邦訳、一八頁）

(30) Ibid., p.145.（邦訳、二三頁）

(31) Ibid., p.145.（邦訳、二三－二四頁）

(32) M. Foucault, Le Sujet et le Pouvoir, 1982, *Dé IV*, pp.222-223.（「主体と権力」『ミシェル・フーコー――構造主義と解釈学を超えて』山形頼洋ほか訳、筑摩書房、一九九六年、二八七頁）

(33) H. L. Dreyfus and P. Rabinow, *Michel Foucault: Beyond Structuralism and Hermeneutics*, The Harvester Press, 1982, p.106.（『ミシェル・フーコー――構造主義と解釈学を超えて』一五九頁）

(34) フーコーは「生と死」についても同様に考えていた。かれはビシャの理論をとおして、古典主義的な死生観を否定した。つまり、生と死は完全に隔絶したものではなく、死は生に組み込まれて存在しており、生と同じ広がり、同じ空間をもっている、とした。（M. Foucault, *Naissance de la Clinique*, P.U.F., 1963, pp.142-148）

(35) H. L. Dreyfus and P. Rabinow, op.cit., p.120.（邦訳、一七七頁）

（36）M. Foucault, *Surveiller et Punir, Naissance de La Prison*, Gallimard, 1975, p.140.（田村俶訳『監獄の誕生』新潮社、一九七七年、一四三頁）
（37）M. Foucault, *Histoire de La Sexualité 1. La Volonté de Savoir*, Gallimard, 1976, p.78.（渡辺守章訳『知への意志』新潮社、一九八六年、七九頁）
（38）G. Deleuze, *Foucault*, p.79.（邦訳、一一五頁）
（39）M. Foucault, Le Sujet et le Pouvoir, *Dé IV*, p.242.（邦訳、三〇六頁）
（40）J・ハーバマス『近代の哲学的ディスクルス』〈Selection 21〉三島憲一ほか訳、岩波書店、一九九〇年、四九〇頁。
（41）同上、四三七頁。
（42）M. Foucault, *Histoire de La Sexualité 1. La Volonté de Savoir*, p.35.（邦訳、三五頁）
（43）H. L. Dreyfus and P. Rabinow, op.cit., p.119.（邦訳、一七六頁）
（44）J・ハーバマス、前掲書、四九四頁。
（45）同上、四九五頁。
（46）同上、四九六頁。
（47）同上、四九六頁。
（48）N. Fraser, Foucault on power, *Praxis International*, vol.I, 1981, p.238.
（49）M. Foucault, Espace, Savoir et Pouvoir, 1982, *Dé IV*, p.275.

第三章　セクシュアリテ

フーコーは近代の権力を取り扱うにあたって、性に着目した。一般的に、性は隠すべき秘め事であり、その逸脱は罪であった。したがって、それを赤裸々に語ることは秩序違反であり、性は権力によって封印されてきた。こうした文脈で語られる権力観を、フーコーは抑圧の仮説と呼んだ。抑圧の仮説では、権力は外から抑圧するだけの単純なものであり、絶対に正しいわたし（真理）と、絶対に間違っている敵を前提にしていた。ここには、「真理への意志」という権力のシステムが働いている。多くの前衛を自称する人々や、進歩的知識人は抑圧の仮説に乗っかっていた。フーコーにとって、かれらの立場は、権力の網の目にすっぽりと収まってしまうものであった。

「真理への意志」の外に出ると事態は一変する。過去三世紀、性は禁止され、抑圧されるどころか、おおいに語られ、性的欲望は助長されてきたのであり、権力は性的欲望を抑えるどころか、生産してきた、というのである。フーコーはこうして生みだされた性現象をセクシュアリテと呼んだ。セクシュアリテは生《なま》の自然な性とは区別される。それは、あくまでも「文化的・社会的」な現象なのだ。同時に、セクシュアリテの装置は主体を産出する機能ももっていた。フーコーは自身の研究のねらいを「人間が主体として構成されているさまざまな様式についての一つの歴史を創設することであった」と述べた。ともすれば、フーコーの主体は、隷属する主体（臣民）が中心となってしまい、抵抗する主体については希薄であった。ハーバーマスに言わせると、だれが、なぜ抵抗するのか、ということの説明がない、ということになってしまう。

だが、フーコーのセクシュアリテについての文章をしっかり読み込むと、そこには抵抗する主体がはっきりと輪郭づけられているだけでなく、かれの権力観が色濃く浮かび上がってくる。この章では、フーコーの主体をセクシュアリテをとおして素描する。

一　抑圧の仮説

これまで権力は抑圧的なものだと考える伝統的立場があった。権力の本性は禁止し、検閲し、束縛し、排除するものだ、と。そして、性も権力によって抑圧されてきた、ということだ。フーコーは、こうした立場からみると、近代社会が成立した十七世紀以来、性をめぐる抑圧の状況は次のようになると主張している。

十七世紀、それは抑圧の時代の始まりであり、ブルジョア社会と呼ばれて、おそらく我々もまだ完全にはそこから脱却していない社会に固有の、抑圧の時代であると。性をはっきりその名で言うことは、この時代には一層難しく、一層高くつくものとなった。あたかも性を現実において支配するには、まず言語のレベルでそれを切りつめ、言語内部でその自由な循環を制御し、口にだして言われる事柄のなかからそれを追放し、それをあまりに感覚的に現前させるような言葉を消すことが必要であったかの如くに。更には、これらの禁忌そのものが言わば性をその名で呼ぶことを恐れていたかに見える。それを口にだして言う必要さえなくて、近代の羞恥心は、それについて人が語らず、ただ相互に照合し合う禁止事項の働きによってのみそれを表わすことに成功したと。(1) 口に出して言わないという態度は、執拗に押し黙った結果、他人にも沈黙を課するようになる。

十七世紀の初頭には、まだ性のおおらかさは残っていた、とフーコーは主張する。人々は生活のなかでは、卑俗に笑い、猥雑かつ淫らな会話を臆面もなく楽しんでいた。つまり「あけすけにからだを見せ、簡単に結合させる。ませた子供達が走りまわっても、大人たちは大笑いするだけで、誰も照れたり恥ずかしがったりしない(2)」ということだ。その後性は変質する。一般的には、性は隠され、次第に語られなくなり、やがて「ヴィクトリア朝時代のブルジョアの単調極まりない夜に到り着く(3)」とされた。そこでは性はただ（子供の）生産のためだけに存在し、ブルジョアたちの健全な寝室に閉じ込められた。そして「至るところで近代のピューリタニズムが、禁止と存在拒否と沈黙という三重の法令を課していた[4]」とされた。

性が抑圧されているとするこうした見解をフーコーは抑圧の仮説と呼んだ。そして、抑圧の仮説は資本主義の発達と関連づけられてきた、とした。ドレイファスとラビノウに言わせると、「性が抑圧されたのは、資本主義的秩序によって要求される倫理的営為と性が両立しなかったからである。すべてのエネルギーは生産のために利用されねばならなかった[5]」ということだ。ウェーバーをもちだすまでもなく、資本主義のエートスにおいて、献身的労働は性を含めた禁欲倫理によって支えられてきたのは周知のことである。

フーコーはこうした抑圧の仮説が、人々にもっともらしく受け入れられるのは、次の三つの点による、と考えた。まず第一点目は、抑圧の仮説は、権力に抑圧を、性に真理を充当する二項対立の立場で、敵を設定しやすく、単純で受け入れやすいということである。第二点目は、「語り手の利益」とでも呼ぶべき現象があるからだ、とする。つまり、性の解放を自由に語ることが、そのまま語り手をラディカルな立場に立たせるということである。じっさい、ここでは権力は人々の性を抑圧する悪しきものであり、打倒されるべき対象となっている。そして、それを批判する立場は自動的に正しいものになる。第三点目は、真理としての性から抑圧としての権力を語り、「解放された性」によって実現する未来を約束する言説があるからだ、ということである。要するに、権力は威圧的、強制的、抑圧的なものであるのに対して、それと敵対する立場は自由を標榜している。性の解放が絶対的に正しくみえ、権力は絶対的に悪を指すかのようである。ここでは権力を測る基準は、啓蒙的な理性であり、それに基づく真理である。つまり、反権力の立場には、自動的に真理に支えられた絶対的な自由が充当される。したがって、権力と真理とは敵対する関係として表われる。要するに、「権力と真理とは互いに外的な関係である(6)」ということである。

フーコーは抑圧の仮説に対して、系譜学的観点から三つの疑義をさしはさんだ。一つ目の疑いは「性の抑圧は本当に歴史的に明らかなことなのか(7)」という指摘だ。表面的にみれば、たしかに性は抑圧されてきたかにみえるが、歴史の仔細な出来事を繋いでみると、まったく違ったシステムや力関係がみえてくるのではないかという、歴史的な問いである。二つ目の疑いは「特に我々の社会のような社会において働いている権力の仕組みは、本質において抑圧の次元のものなのか(8)」という疑いである。そもそもわたしたちは、現在の価値観や倫理観、イデオロギーのなかで生きている。こうした価値観、倫理観、イデオロギーのなかでは、それらのもつ「善い－悪い」や「偽り－真理」という基準でものごとを測りたくなる。そのとき、どうしても自己を権力の外におき、権力を「悪」や「偽り」とし、権力の外を「善」や「真理」としたくなるものである。こうした基準を取り払ったとき、ほんとうに権力は抑圧的なのか、という理論的疑いがでてくる。三つ目の疑いは「抑圧に語りかける批判的言説は、それまでは異議をさしはさまれることなく機能してきた権力のメカニズムに交叉して、その道をはばもうとするものなのか(9)」ということである。わたしたちがもっている「善い－悪い」、「偽り－真理」という基準は、批判として本当に有効なのだろうか。逆にこうした基準は権力の網の目にすっぽりと収まっており、権力の根底的批判には繋がらないのではないか、というわたしたちの立場を問う政治的批判である。

こうした疑問から、フーコーは十七世紀以降、さまざまなところで語られてきた性についての言説（discours）を検証した。たしかに十七世紀以降、表面的にみると、性はさまざまな制度のなかで制約され、語られることはタブーとされてきたかのようにみえる。しかし、ここでフーコーは反転する。つまり「ところで、過去三世紀を、その不断の変化において捉えてみると、事態は大いに異なったものとして見えてくる。性のまわりで、性についての文字どおりの言説の爆発がそれだ[10]」というのである。それも性についての言説は、権力行使の場で増加した。つまり、制度が性の言説を煽りたてたのである。事態はこうである。十七世紀まで、教会での信徒に要求される告白は、性を赤裸々に語ることを要求するものではなかった。性の微細にわたる具体的描写よりも、性的行為をほのめかすだけに留める慎しみ深い言説が求められてきた。しかし、十七世紀以降、すべてを語ることが要求されるだけでなく、「掟に違反する行為を告白するだけでない、自分の欲望を、自分のすべての欲望を、言説にしようと努めるべし[11]」とされた。つまり、赤裸々かつ具体的描写だけでなく、頭のなかで想像した性的夢想も告白の対象となった。それと対応するようなかたちで、サドの文学や匿名の作者によって書かれた『我が秘密の生涯』では赤裸々な性描写が登場する。フーコーはここで性をただ単に抑圧し、禁止することよりも、性についての言説を生産し、機能させる権力の仕組みが存在すると考えた。たとえば、フランスの片田舎のラクプール村で、「少々頭の弱い」小作人が起こした、とるに足らぬ性犯罪の裁判調書や鑑定人の報告書が刊行されたという事実を、フーコーはとりあげる。要するに、このとるに足らない性犯罪が「法的行為の、医学的介入の、注意深い臨床医学的検査の、そして大がかりな理論構築の対象となりえた[12]」ということだ。じっさい、フーコーは教会、裁判所、病院、大学の研究室で性が分析され、記録され、分類され、語られ、その結果、性についての赤裸々な言説が洪水のように生みだされ、増大していったことを明らかにした。

そして、フーコーは十八世紀には、性現象を分析し、記録し、分類するために、性的言説を煽動する政治的、経済的、文化的装置が生まれた、とした。この背景には、政治的、経済的問題としての「人口」の問題があった、と指摘した。つまり、住民の出生率、羅病率、寿命、妊娠率、健康状態、病気の頻度を調べ、常に「人口」に配慮することが求められた。そして、フーコーは「このような人口をめぐる政治的・経済的問題の核心に、性があった[13]」と主張する。たしかに、富国強兵政策のなかで、生産や兵役を担う消耗品としての人口は国の富の一部であった。だがそこでは、単に人口を増やせばよいというだけではなく、性を調整し管理することが権力の目標となった。そして、フーコーは次のように語る。

重商主義時代の大々的な人口増加論から目的と緊急の要請に応じて産児奨励と産児制限の二つの方向に揺れ動く、より微妙でよりよく計算された調節の企てへと変わるのだ。住民人口の経済学を通じて、性に関する解読格子が作られる。性的行動とその決定因、またそこから発生する効果・作用の分析が、生物学と経済学の臨界で生まれる。道徳的・宗教的勧告や徴税といった伝統的な手段を超えて、経済的かつ政治的に協議された一つの行為に仕立てようとする組織的な作戦が現われる(14)。

かつてフーコーは『言葉と物』において、十九世紀における博物学、言語学、経済学などの領域で、それ以前と異なったエピステーメが成立したことを示唆した。すなわち、博物学では、分類は生命や生殖機能に基づき行なわれ、言語学では、言語自体が歴史をもつものとして有限な時間のなかで捉えられ、経済学においては、商品の価値は労働によって測られる、とした(15)。こうした生殖や言語の有限性や労働のもとには、「有限な人間」というエピステーメが輪郭づけられた。そして、この「有限な人間」は近代的理性によって描かれた一般的・抽象的人間ではなく、生命に限界づけられ、性を営む人間のことである。したがって、フーコーが提示した十九世紀のエピステーメと、同時代に権力が性をターゲットにしたことは、同じ文脈にあると考えてよい。つまり、フーコーは博物学、言語学、経済学の底に横たわっているエピステーメが、性を語らせる権力の網の目のなかに、すっぽり収まってしまうと考えていた。ただ『言葉と物』において、エピステーメを浮かび上がらせたやり方は、あくまでも考古学的手法であり、エピステーメは言説のなかに留まっていた。要するに、言説のなかに留まったエピステーメは、「あ！　そうなのか」と感心させはするが、それ以上でも以下でもない、単なる風景に留まるだけである。『知への意志』において、考古学から系譜学に移行したフーコーは性を権力に関係づけることによって、考古学的エピステーメを現実の力関係に向けて開いていったのである。

おおよそ性についての言説の増加という現象は、性を一夫一婦制のなかに閉じ込め、生産を目的とした健全な性（生殖）を基準とした。しかし、フーコーは、そこからはみだしていく性倒錯を禁止・抑圧したものではない、と考えた。たしかに、この三世紀、一夫一婦制という基準は確実に存在したし、厳格に機能してきたといえる。しかし、この一夫一婦制の基準は次第に希薄になり、語られなくなる。それに反して、こうした基準が追放し、周辺へ追いやったさまざまな現象がにぎにぎしく語られるようになった。つまり、基準から逸脱する倒錯行為は法的に禁止・抑圧されることから、徐々に医療の場での治療の対象となり、教育の場での管理の対象となっていった。それは、決して禁止・抑圧の機能の退化からではない。その辺の事情をフーコーは次のように述べている。

これらすべての周辺的セクシュアリテ（性倒錯）の出現は何を意味するのか。それが白日のもとに現われ得たという事実は、規律が弛んだという徴候だろうか。それとも、それらにこれほどの注意を払うようになったという事実は、より厳格な体制の証拠、それらに対して厳密な統制をしようという配慮の証拠だろうか。抑圧という言い方では、事実は曖昧になる。性的犯罪に関する法規の厳格さが十九世紀の間にかなり和らげられたことを考えるならば、そしてまた、司法権はしばしばすすんで医学に事件を引き渡していたことを考えるなら、それは寛容と言える。しかし、教育ならびに治療学によって設定されたあれらすべての管理機関、監視方式を考えるならば、それは厳格さを補足する巧みな策略である。夫婦の性生活に対するキリスト教会の介入や生殖への「違反」に対する教会の拒絶が、この二百年間にその執拗さを失ったというのはあり得ることだ。それに反して医学のほうは、夫婦の快楽に大挙して入り込んできた。医学は「不完全な」性的行為から生ずべき器官的、機能的、あるいは頭脳的な疾病の病理学をそっくり発明した。附属的な快楽のあらゆる形態を注意深く分類し、それを本能の「発展」と「攪乱」へと併合した。その運用・管理を企てたのである。(16)

つまり、性的倒錯は生殖の基準から逸脱した秘め事ではなく、あからさまに語られ、多様に分類され、周辺に配分され、位置づけられ、そうすることによって管理された、ということだ。ここでフーコーが力説する点は、これらのセクシュアリテが権力と結びついているということである。すなわち、それは性の外から、性そのものを抑圧する権力ではなく、性を語らせ、あからさまにすることによって、性を配置し管理する複雑かつ巧妙な権力のことなのである。要するに、こうしたセクシュアリテは「社会が身体と性の上に機能させた権力の型」であり、「この権力は、まさに法の形も禁忌の作用ももっていない(17)」ということである。

抑圧的機能しかもたない権力を、フーコーは「法律的‐言説的権力」と呼んだ。こうした抑圧的権力は、法的言説において最も表明されているというところから、フーコーはこう命名したのである。そして、多分にフランスの既成の権力論が法のなかに表象される権威的権力を取り扱ってきた伝統をもち、フーコーはこうした伝統（レーニン流のマルクス主義もこの伝統に入る）を批判したかったのであろう。とにかく、フーコーは性に対する「法律的‐言説的権力」を次のような五つの項目に特徴づけた。(1) 権力は、常に「拒絶、排除、拒否、妨害、あるいは隠蔽、または仮面[18]」というような否定的な関係しか成立させない。したがって、権力は何かを否定するものであり、何かを生みだすものではない。それ故、性は権力の外側にあり、権力によってその限界を決定され、その存在を否定されるのである、という寸法である。(2) 権力は性に対して、規律を課し、「合法と非合法、許されたものと禁じられたもの[19]」という二項対立の関係に取り込む。と同時に、性はこうした規律によって秩序化される、ということだ。(3) 権力は性に対して、「近づいてはならぬ、触れてはならぬ、味わってはならぬ、快楽を覚えてはならぬ、語ってはならぬ、姿を見せてはならぬ[20]」という禁止の作用として機能する禁忌のメカニズムが働いている、とした。(4) 権力は性を積極的に検閲し、「それは許されていないと主張し、それが言われることを防ぎ、それが存在するのを否定する[21]」ように働く。(5) 権力は性に対して、同一の仕方で働く。つまり「法に定める王の形、禁ずる父親、沈黙を課する検閲官、あるいは法を主張する主人の形[22]」を与えるような単純な作用しかもたない、とされる。

要するに、「法律的‐言説的権力」は、性の外側で、性に対立しており、常に規範をもうけて、性を許す部分と許さない部分に分断し、許さない部分を禁止し、検閲し、消滅させるように働く。そして、こうした権力の特徴は「その能力において貧しく、その手段については倹約であり、用いる戦術においては単調、創意工夫に欠け、あたかも同じ自分を繰り返すしか能のないもの[23]」だ、とフーコーは断罪している。つまり、「法律的‐言説的権力」は、ただ否定を繰り返すだけで、何かを生産する権力ではなく、エネルギーを抑圧するだけの反エネルギーという本質をもっている、ということである。この抑圧的権力論は、「絶対的に解放された自由な性」、言い換えるならば、「自然な性」を前提にしている。権力の対局に解放されるべき「自然な性」がある、といった具合だ。すなわち、ここでは権力と性の関係を「抑圧‐自由」、「悪い‐善い」、「束縛‐解放」という図式で描き、権力に「抑圧」、「悪い」、「束縛」を、性に「自由」、「善い」、「解放」をあてはめる二項対立の基準で一切が測られている。大事なことは、こうした絶対的に「自由な性」は、フーコーが「真理への意志」と呼んだものに貫かれている、ということだ。次の章で、「真理への意志」を探究してみる。

二　「真理への意志」

真理が人間たちの意識の外に超越的に存在する、ということを覆したのはニーチェであった。それまでの形而上学では、真理は人間の外にア・プリオリとしてあり、人間たちの一切の思考を支え、それに準拠しさえすれば、「正しいこと」「善いこと」「美しいこと」に至ることができた。しかし、ニーチェは次のように語る。

真理への意志とは、固定的なものをでっちあげること、真なる・持続的なものをでっちげること、あの偽りの性格を度外視すること、このものを存在するものへと解釈し変えることである。それゆえ「真理」とは、現存する或るもの、見出され、発見されるべき或るものではなく、——つくりだされるべき或るもの、過程に代わる、それのみならず、それ自体では終わることのない征服の意志の役目をつとめる或るもののことである。……それは、「権力への意志」の代名詞である。(24)

ニーチェにとって、真理は人間の外にア・プリオリとしてあり、人はそれをみいだし、発見することによって、「正しいこと」「善いこと」「美しいこと」に至るのではないということである。逆に真理は、人間がア・ポステリオリに自分の内側につくった人為的な捏造物である。真理が絶対的に正しいようにみえてしまうのは、じっさいは人間の内につくった捏造物が人間の外の超越的なものにみえてしまうという錯覚がもたらす幻想であるにすぎないからだ。そして、ニーチェが最も言いたいことは、真理の幻想的性格にとどまらず、それが人々を抑圧し、支配するという「征服の意志」を実現するために使われてきた、という点である。従来の形而上学では、真理は現実の人間たちの権力関係の外にあり、超越した立場から、人間の歴史を真理に秩序づけられたものとして説明されてきた。しかし、人間の本性を欲望とし、歴史を力関係からのみ説明する系譜学者ニーチェにとって、真理は力関係の外にあるものではなく、人間たちの権力関係に奉仕するものであり、そのかぎりで、真理は権力関係によって支えられているのである。

フーコーがニーチェに最も近いのはこの点である。かれは「真理はそれ自体、言説の歴史の一部であり、一つの言説や一つの現実の営みに内在する効果として存在している[25]」とした。考古学から系譜学へと移行したフーコーにとって、すべての言説や現実の営みは力関係の場であり、権力のシステムによって、その形が与えられていた。そして、真理は言説の外にあるのではなく、言説の一部となっており、力関係のなかで一つの機能をはたしている。つまり、ここでフーコーがいう「効果」とは権力の戦術としての機能をさしている。じっさい、わたしたちにとって、真理とは一つの誘惑である。つまり、真理によって一切が説明でき、正当化され、そこに人々をひきつける全体化と中心化の作用をもつ。しかし、同時に真理はそれ自体から逸脱するものを、禁止し排除する荒々しい作用をもっている。そして、前者の作用だけでなく、後者の作用も真理の機能として、権力に組み込まれているのである。

ただ、フーコーは次のように論じている。

われわれの眼にみえるのは、ただ富、豊饒、穏やかで油断ならぬ普遍性をもった力、であるような真理だけであります。そして、反対に、われわれは、排除すべくさだめられているおどろくべき機械的システムとしての、真理への意志について少しも知りません[26]。

要するに、真理には人間を豊かにする秘密、世界を説明する普遍性が具わっている、とするア・プリオリとしての超越的真理の側面ばかりがみえ、学校、病院、裁判所などさまざまな装置に組み込まれ、そのなかで機械仕掛けのような排除のシステムとして作動している真理の側面はみえない。それは、真理という中心によって整序された知の体系は、堅牢な秩序をもった閉鎖系を構成しており、こうした秩序体系のなかでは、水が上から下に流れるごとく、秩序の流れに沿って思考するがゆえに、真理は常に正当なもののようにみえてしまう、ということである。要するに、フーコーが言いたいことは、「真理への意志」は人々を管理し、支配する権力システムとして機能したが、人々はひとたびこうしたシステムのなかに入ると、真理の絶対性に取り込まれ、その権力的側面を見失う、ということである。そのかぎりで、「真理への意志」は、人々を思いどおりに作動させる、巧妙な権力の仕掛けとなるのである。

アルチュセールの「大文字の主体（SUJET）－小文字の主体（sujet）」という文脈によるイデオロギー論とフーコーの真理への意志は、きわめて類似している。[27] アルチュセールは教会、学校、組合、マスコミなどの諸々のイデオロギー装置について、主体を産出する装置として描いた。そして、こうした諸装置のなかで、イデオロギーが主体を構成する手順を以下のように表現した。すなわち、「あらゆるイデオロギーは中心化されること、絶対的主体は中心というただ一つの場所を占め、イデオロギーが諸主体を主体に服従させるような二重の反射的関係にもとづいて、イデオロギーの周辺にいる無数の個人に呼びかけることである[28]」。つまり、さまざまなイデオロギー装置において、イデオロギーの中心を構成している大文字の主体は、諸個人である小文字の主体に呼びかけ、諸個人は自らが主体であることを再認し、大文字の主体に保証されるというメカニズムが働いているのである。そして、諸個人はイデオロギーをとおして主体として構成され、すべてはうまくいく、という寸法である。ここでアルチュセールは、なぜ人々はイデオロギーを真理として受け入れそれに従うのか、という問いにイデオロギーをとおして主体が構成されるとする「主体のメカニズム」で答えているのである。

フーコーは「わたしの問題意識は、どのように人々が真理の産出をとおして支配されているのか、を知ることである」(29)と述べ、真理は権力のなかで産出され、こうした真理によって人々が管理・支配されることを示唆した。そして、真理を産出する権力形式を以下のように語った。

この権力形式は、直接日常生活に働きかけ、諸個人をさまざまなカテゴリーに分類し、かれらを個別性によって表示し、アイデンティティーにしばりつけ、自分も認めまた他人もそれと認めなければならない真理の法を課する。それは個人を主体へと変える権力形式である。(30)

つまり、真理を産出する権力は、諸個人を真理という絶対的中心にしばりつけ、アイデンティティーを与えることによって主体を構成するが、そこにはアルチュセールのいう「再認 - 保証のメカニズム」が働いていることは、容易に想像できる。要するにアルチュセールもフーコーもともに、なぜ人々は権力を正当なものとして受け入れ、それに従うのか、という問いに対して、諸個人は権力によって主体として構成されているからだ、という答えをあてたのである。そして、フーコーがいう「真理への意志」は、主体を構成するメカニズムによって説明されうるのである。

フーコーは、近代的個人を構成する権力の技法として、規律権力と司牧権力という二つの技法を提示した。前者は、病院、兵舎、学校、監獄など、ありとあらゆる場所で生みだされ、身体を検査し、分解し、査定し、再構成し、効率本位に作動させる「服従強制の」テクノロジーのことである。そして、「こうした服従強制の（臣民化、主体化でもある）技術をとおして、新しい客体が組み立てられようとしている[31]」と述べた（「客体」としての個人）。また後者は、古代オリエントの牧人が羊を一頭一頭、頭をなでるように飼育し、中世のキリスト教会の司祭が告白の儀式をつうじて、個々人を良き信徒として導くという伝統から生まれたとされる技法である。すなわち、それは個々人に自己の内面や行為を包み隠さず告白させ、個々人をアイデンティティーにしばりつけ、「個別的主体を作りだす」権力の技法のことだ（「主体」としての個人）。特にこの技法は性を告白させ管理することに威力を発揮し、「子供と親、患者と精神病医、犯人と鑑識人の間に[32]」広がったのである。

規律権力では、個々人を効率本位に作動させるテクノロジーのもとに、人々はある合理性の型をみてとり、合理性と真理の連関からこの技法が正しくみえてしまう。また、司牧権力では、観察と立証に基づく知（真理）を背景に告白は、常に正しいものに導かれることを約束されていた。いずれにしても、こうした主体を構成する二つの権力行使の技法は、真理によって貫かれていた、ということである。

さて、フーコーにとって、抑圧の仮説は真理の言説によって支えられてきたものなのである。それは、真理の言説から権力を批判的に分析する立場にもあてはまり、多くの進歩的知識人やマルクス主義者がその立場をとってきた。つまり、真理（絶対的な解放）と権力は相互に否定的な二項対立の関係にあり、権力は外から真理を禁止し、排除する。そして、その権力行使の態様は、一律かつ権威的に外から押しつける単純な様式しかもたないのである。一方、フーコーにとって、実際の権力は否定し禁止するだけの単純な態様しかもたないものではなく、きわめて複雑で、欲望を助長し、力を生産するものでもある。それに対して、抑圧の仮説からはこうした性格はみえないのであり、それは偏《ひとえ》に抑圧の仮説が真理を前提にしているからである。すなわち、真理のもつ性格は、その特権的立場から、「善い－悪い」「合法－非合法」という単純な二項対立の基準を設け、「悪い」「非合法」な部分を禁止し排除する否定的性格をもつ。また、一切は真理という中心に秩序づけられているが故に、真理という唯一なるものに収斂し単純化される。要するに、真理そのものが、権力的構造をもっており、抑圧の仮説はすっぽりとこうした「真理への意志」という権力の装置に収まってしまう。真理は別段自由と繫がっているわけではないし、権力と対立しているものでもない。「真理が本来的に自由なのでも、誤謬が隷属状態であるのでもなく、真理の産出にはことごとく、権力の関係が貫いていることを示す」(33)ことが大事なのである。

ところで、ドレイファスとラビノウは次のように主張した。

医者は患者の外側にいて、患者を客観的に取り扱うことができる。だが解釈的分析法に携わるものは、こういった外の場に立つことはできない[34]。

「真理への意志」によって貫かれた権力によって、主体が構成されているのならば、わたしたちは、その外へ出ることができるのだろうか。否、わたしたちは「真理」という超越的立場（外）は幻想であることを知ってしまった。また常に既に「真理への意志」に貫かれた権力の内から出られない存在であることも知っている。もしそうならば、わたしたちは権力に隷属する時計仕掛けのような部品ではないのか。権力に抵抗する主体はどこから来るのかという疑問がわいてくる。フーコーの主体は隷属する臣民（sujet）であると同時に、抵抗する主体（sujet）でもあったはずである。こうした、主体のもつ性格を、セクシュアリテとからめて、次の節で論じてみる。

三　セクシュアリテと主体

抑圧の仮説は真理と繋がった「完全に解放された性」を前提にしていた。はたして、「完全に解放された性」など存在するのであろうか。こうした性をフーコーは「前提となる、本源的な性[35]」と呼び、それに対して、まったくの無関心を貫いた。真理を排除したフーコーにとって、絶対的な始まりもなければ、社会や歴史からなんら拘束されないア・プリオリな本質も存在しないはずである。つまり、一切は常に既に社会の構造やシステムに規定されているということだ。したがって、フーコーは、まずア・プリオリな本質としての「前提となる性」があって、それが外から権力によって抑圧されているという構図を否定する。フーコーにとって、性はあくまでも権力の装置から生みだされるものなのである。そして、フーコーは権力の装置から生みだされた性をセクシュアリテ（性現象）と呼んだ。それは性的欲望や、性にまつわりつくさまざまな現象を指し示し、「前提となる、本源的な性」と区別される。

人は動物のように、その身体に性器を具え、性的本能をもち、きわめて自然に性的欲望をもつ、とされてきた。それは本質であり、自然な性であると考えられてきた。しかし、フーコーは「セクシュアリテ（性的欲望）の装置が、そのさまざまな戦略において、このような、「前提となる性」を設置するのである」[36]とする。すなわち、権力に貫かれたセクシュアリテの装置のなかで、真理の言説をとおして性が語られ、「前提となる性」が考案された、ということである。

フーコーによると、こうした「前提となる性」という概念が、はっきりと歴史に姿を現わしたのは十九世紀になってからのことである。それは、女のヒステリー化、子供の性、性倒錯、生殖行為の社会的管理などの課題が問題化され、語られ、位置づけられるプロセスのなかで浮かび上がってきたものだ、とされた。たとえば、女のヒステリー化において、女性の身体は性的欲望が充満したものとされ、生殖機能によって女の身体をかき乱すものとしてヒステリーが定義された。そして、社会に人口を供給するものとしての、家庭を守るものとしての、子供を養育するものとしての「母」が設定され、ヒステリーはその陰画として、病理に結びつけられた。子供の性においては、自慰が不当かつ反自然なものとして、大人になってから病理的現象を引きおこす危険なものとして位置づけられた。また、夫婦の生殖能力が人口調整のため社会的に管理され、産児制限や産児奨励が実施された（その象徴が膣外射精である）。さらに、性倒錯が精神医学のなかに組み込まれ、性は正常と異常とに区別された。そして、ヒステリー、自慰、膣外射精、性倒錯を測定するために、良き「母」、大人の健全な性、良き市民としての夫婦、正常な性という基準が持ち込まれ、その前提として「理想的な性」が考案された。そして、この「理想的な性」は、真理と結びついた自然な本質的な性によって支えられていたのである。

この「前提となる性」はさまざまな性現象を再編し、性を普遍的なものに高めた。その結果、性を扱う諸々の学問は「準科学」となり、正常態を確立する。そして、それと権力との関係をフーコーは次のように素描する。

それ（「前提となる性」）はセクシュアリテに対する権力の関係の表象を逆転させ、セクシュアリテを権力に対するその本質的かつ積極的な関わり方においてではなく、権力がなんとか隷属させようとしている、特殊で変更不能な決定機関に根を下したものとして出現させることを可能にした。こうして「前提となる性」という観念は、権力のまさに「力」をなしているものを巧みにかわすことを可能にする。権力というものをただ法と禁忌としてのみ思考することを可能にするのである[37]。

ここでフーコーが言いたいのは、「前提となる性」という考え方では、権力は「前提となる性」の外から、それを抑圧し隷属させようとするものになる、ということである。しかし、こうした考え方では権力の実際の態様を隠してしまい、権力に関しては、ただ「完全に解放された性」を禁止し抑圧する「法と禁忌」としてしか、取り扱っていないということになる。要するに、「前提となる性」は「真理への意志」に貫かれており、抑圧の仮説はこの考え方を基礎にしている。

こうした「真理への意志」の外に出ると、話は逆転する。セクシュアリテの装置では、良き母、良き夫婦を逸脱し、自慰を秘密で行ない、性的異常を快楽に結びつけることが語られる。つまり、セクシュアリテの装置のなかで、性的欲望は権力によって抑圧されているのではなく、逆に引き出され、助長され、そのことによって巧妙に管理されているのである。すなわち、「性的欲望を、権力が、身体や身体の物質的現実、身体の力やエネルギー、身体の感覚や快楽に対するその掌握・支配のなかで組織していくのである[38]」ということだ。実際のセクシュアリテの装置は、性を禁止し抑圧するのではなく、「前提となる性」という概念を一つの基準として配置し、性的欲望を意味づけ、位置づけた。そこでは、性的欲望は抑え込まれたのではなく、逆に生産され、助長されたのである。

こうしたセクシュアリテの装置でフーコーが最も重要視した機能は、主体の構成の機能であった。つまり、事実、性という、セクシュアリテの装置によって定められた想像上の点を通過することによってのみ、各人は自分が何者であるかという理解可能性に至り着き（何故なら性は隠された要素であると同時に意味産出の原理なのだから）、かれの身体の全体に到達し（何故なら、性は身体の現実の部分であり、しかも脅かされた部分であって、象徴的に身体の全体を構成するからだ）、かれの自己同一性を手に入れることができるのである（何故なら性は衝動の力に一つの歴史（個人史）の異形性を結びつけるからだ[39]）。

セクシュアリテの装置が欲望を生みだすのならば、各人はそのなかで自己の欲望を確認し、内面の秘密とし、具体的な性体験によって、自己の身体の全体を感じとり、自己の生を性と引き換えてもよいと思うほどの魅惑をおぼえ、そこに自己の内面にある確実なものを感じ、自己の人生の特異性に位置づける、ということである。たしかに、わたしたちはこの世の中で商品を欲望し、性を欲望する主体として構成されているのである。しかし、ここで述べられている主体は、権力によって一つ一つ部分が集められ、組み立てられた時計仕掛けのような隷属する主体（臣民）だけではない。労働の道具としての主体でもなければ、管理された主体でもない、「衝動の力」を自己の特異性に結びつける欲望する（抵抗する）主体も謳われているのだ。ここでは、「真理への意志」に収まりきれない、主体が浮かび上がっている。

こうした主体をもう少し理解するためには、バタイユというレンズを通した方が分かりやすい。フーコーがバタイユに心酔していたことは、周知のことである。バタイユは人間という動物の特性を「単に自然の事実を受け入れないだけでなく、それを否定する動物である」(40)と定義した。自然のレヴェルで考えると、人間はまぎれもなく動物であり、排泄、誕生、月経、性行為などの自然の営みを行なう。だが人間は自己の自然な動物的要求を嫌悪し、秘密にし、隠れてそれらを行なう。とにかく、自己の動物性を拒絶し、自己を動物と区別し、そうすることによって人間性を築く。したがって、人間は規範や制約を設けて、性をタブー視する。しかし、バタイユはこうした禁止があるからこそ、エロチシズム(性的欲望)が生まれる、と考えた。かれは次のように述べる。

まずエロチシズムは、人間が性欲によって制約を加えられている点、そしてまたエロチシズムの領域は禁止違反の領域である点で、動物の性欲とは異なったものであります。ですからエロチシズムの欲望は禁止に打ち勝つ欲望で、人間の人間自身にたいする対立を想定させます。(41)

要するに、人間は自己の動物性を否定するために、規範や法を作り、こうした社会システムによる禁止に一方では従う。しかし他方で、人間は禁止されているが故に、逆に不可思議な魅惑をおぼえ、こうした禁止を侵犯しようという衝動をもち、そこに性的欲望を感じる存在である。したがって、バタイユにとっても、性的欲望は自然な性(動物的・本能的欲求)と区別されているものであり、法や規範という権力の装置から生みだされる「社会的・文化的」なものなのである。そして、こうした権力の装置で構成される主体は、禁止に従う主体（臣民）である一方、禁止を侵犯し欲望（抵抗）する主体ともなるのである。そして、この主体はフーコーの主体とすっぽり重なるのである。

四　バタイユというレンズ

そもそも構造主義は社会全体を構造から位置づけるため、全体が構造にがんじがらめにしばられているような印象を与えてしまう傾向がある。フーコーの主体も、権力の諸装置のなかで、「思いどおり作動させられる身体」や「欲望を管理された主体」として描かれた。だが、この世の中、管理され、隷属する主体だけならば、歴史は動かない。フーコーは「権力があるところに抵抗がある(42)」とし、権力の周辺に散らばった抵抗する主体を描きたかったはずである。いったい、権力の諸装置のなかで構成された主体は、どこから抵抗するエネルギーを得るのか。この答えはフーコーのセクシュアリテの分析のなかに、かいまみることができた。そして、とくにバタイユを通してみると、そのことがより明確にみえる、と先程述べた。もう少し話を進めてみよう。

バタイユのエロチシズムは、人間が己の人間性を築くために設定する法や規範という制約を侵犯する不可避の営みであった。そして、かれは「聖なるもの」、祝祭、供儀などを同じレヴェルに位置づける。それは、合理的な法や規範と対立する、非合理なレヴェルであった。バタイユにとって、人間

（主体）は法や規範に従う合理的存在であると同時に、こうした主体を侵犯して、衝動的かつ奔放なエネルギーの消尽へ向かう非合理な存在であるという両義的存在であった。そもそもバタイユにとって、人間（主体）は、共通の意味や価値の世界に生きている、といえる。人々がものごとをみるとき、こうした意味や価値が構成する暗黙の「共通の基準」を無意識に前提にしており、ものごとをあたりまえかつ自然なように受けとる明証性が働いている。人々は、こうした他者との「共約可能なもの」（同質性）を前提にして、その認識を客観的なものと感じてきた。そして、こうした同質性によって支えられた客観性のこちら側に、今度はこの客観性を認識する「主体」が形成される。つまり、同質性に基づく「共通の基準」は人間の意識や思考に溶け込み、人々はそこで同質性と自己とを結びつけ、アイデンティティーを確立してきた。その反面、人間は禁止（同質性）を破り、「聖なるもの」やエロチシズムに向かい、エネルギーの過剰を消尽し、同質性を基礎にした「主体」を侵犯する存在でもある。バタイユはこの同質性に収まりきれないものを「異質性」と呼び、同質性が「内」（主体）を構成しているのならば、異質性は「外」にはみだす、と考えた。そして、バタイユが考えた主体は、「内」に閉じている、と同時に「外」に開いていく存在でもあった。ただ、バタイユの「外」は一瞬のうちに稲妻のように訪れる体験（「内的体験」）であり、日常のなかで一瞬かいまみる非日常的世界であった。

　フーコーの場合、主体は「同質性」という意味や価値のなかで構成されるのではなく、権力の諸装置において構成された。それは、フーコーがあくまでも意味や価値の外に出て、意味や価値が産出され、結果の次元で物質化されている態様のみを取り扱うマテリアリスムを主張したからである。したがって、フーコーにおいて、バタイユのいう「同質性」は権力の諸装置に組み込まれたメカニズムとなる。ここで理解しておくべきことは、フーコーのいう装置（dispositif）は決して実体的な機関をさすものではなく、有形無形のネットワークのようなものを意味する、ということだ。そしてフーコーは、こうした権力の諸装置のなかで人々が自己の身体を構成し、自己同一性を確認するメカニズムが働くとした。しかし、ここでいう主体は同質性に閉じられた「内」だけではなく、「外」（異質性）へと開いていくものである。フーコーは次のように言う。

性的欲望（セクシュアリテ）の装置が権力の技術に、生を取り込んで用いることを可能にしている間に、この装置自体が印した性という虚構の点は、人々に極めて強い幻惑を及ぼしているので、そこに人々は、死の不気味な轟きを聞くことを受けいれているほどなのである。(43)

ここでは、バタイユの禁止によって生みだされるエロチシズムという構図が、そのままあてはまる。すなわち、一方でセクシュアリテの装置は性的欲望を管理し、生を取り込み、主体を隷属させるが、他方、同じセクシュアリテの装置が「死の不気味な轟きを聞くことを受けいれているほどの」性的欲望を生みだし、主体を侵犯する、ということである。そして、セクシュアリテの装置は主体を「内」に閉じるものである、と同時に主体を「外」へ開いていくものでもあった。また、主体は同質性（「内」）

に閉じられると同時に、異質性（「外」）へと開かれる両義的な存在となる。
ドゥルーズはフーコーの主体を、力関係に貫かれたエネルギーの場である「外」が褶曲して入り込んだ襞《ひだ》（le pli）であると表現したことがあった。つまり、「内」というのは入り込んだ「外」によって構成されたものであり、「外」の別名にしかすぎない、とした。したがって、「内は常に外の裏地なのである」(44)。ドゥルーズの言うとおり、フーコーの「内」と「外」はつながっている。すなわち、権力の諸装置のなかで構成された「隷属する主体」にもなれば、自己の内面とつながり「抵抗する主体」にもなる、という寸法である。

バタイユのエロチシズムやフーコーのセクシュアリテは非常に柔軟な権力論を提供してくれる。つまり、バタイユの禁止は人間が自己の動物性を否定し「人間」として成立して以来、常に既に人間に具わったものであった。また、フーコーのセクシュアリテの装置も、人間が常に既に社会構造に位置づけられているものであるかぎり、常に既に存在したはずである。したがって、これらの禁止やセクシュアリテの装置という権力の現象は、人間という存在がもつ不可欠の部分である。ここでは人が二人いれば、権力は存在する、という式の権力観が成立している。つまり、権力は力として構成されている人間がもたざるを得ない必要悪であり、一種の社会的リスクやコストである、ということだ。権力を「善い－悪い」や「支配－非支配」の二項対立で推し測る硬直した権力論では、権力を倒した非支配階級が、なぜ新しい権力をもってしまうのか、ということの説明ができなかった。要するに、権力があるから欲望が生まれ、権力があるから抵抗し、権力があるから快楽をおぼえるのであり、人間が存在する以上、どこまでもつきまとう権力なのである。そして、それは社会主義の国でも例外ではない。

しかし、ハーバーマスはバタイユを次のように批判するが、それはそのままフーコー批判にあてはまる。すなわち「エロチシズムによって彼が到達した見解は、本質的なるものについての認識は本当のところは神秘的経験にのみ、そして目を閉じた沈黙にのみあたえられる(45)」ということだ。ここでハーバーマスが言いたいことは、バタイユの「外」は一瞬の神秘的体験であり、ロゴスが要求する客観性では語れないのであり、あくまでもロゴスの外にある芸術や宗教の領域に属する、ということである。そして、バタイユがロゴスで語れない体験を賛美し、ロゴスを批判したにもかかわらず、こうした体験をロゴスの客観性によって論じるところに、ハーバーマスは理性を批判する近代の思想のアポリアをみたのである。

少なくとも、フーコーの「外」は真理への意志に整序された理性の「外」のことであり、意味や価値の「外」であった。こうした「外」はおおよそ非合理的な欲望であり、エロチシズムであり、力である。それは言語の秩序によっては表わせない領域であり、そのためニーチェはアフォリズムという文体を試みたのだ。そして、こうした「外」は一瞬の個人的な体験でしかなく、この体験を多くの人々が共有することはない、ということになる。したがって、ハーバーマスの言いたいことは、フーコーやバタイユ、そしてニーチェの抵抗は、点としての個人的情緒的反乱の域を出ず、人々が共有する線、もしくは面としての抵抗には至らないのであり、そのかぎりで歴史を動かすことはないということである。要するに、人々は意味や価値を共有できる可能性（コミュニケーション行為）によってこそ、面（線）としての抵抗が成立し、歴史を動かしえることになる、ということだ。

明らかに、フーコーはこの弱点に気づいており、晩年のフーコーはハーバーマスに関心を示した。すなわち、ニーチェ主義者フーコーはニーチェの壁にぶつかった、ということである。そして、かれは自己の問題関心を倫理と啓蒙へと、つまり社会が共有する意味や価値へと移していくのである。

（1）M. Foucault, *Histoire de La Sexualité 1. La Volonté de Savoir*, Gallimard, 1976, p.25.（渡辺守章訳『知への意志』新潮社、一九八六年、二五頁）
（2）Ibid., p.9.（邦訳、九頁）
（3）Ibid., p.10.（邦訳、一〇頁）
（4）Ibid., p.11.（邦訳、一一頁）
（5）H. L. Dreyfus and P. Rabinow, *Michel Foucault : Beyond Structuralism and Hermeneutics*, The Harvester Press, 1982, p.176.（山形頼洋ほか訳『ミシェル・フーコー――構造主義と解釈学を超えて』筑摩書房、一九九六年、一八八頁）
（6）Ibid., p.177.（邦訳、一八九頁）
（7）M. Foucault, op.cit., p.18.（邦訳、一八頁）
（8）Ibid., p.18.（邦訳、一八頁）
（9）Ibid., p.19.（邦訳、一九頁）

(10) Ibid., p.25.（邦訳、二五頁）
(11) Ibid., p.30.（邦訳、二九頁）
(12) Ibid., p.44.（邦訳、四二頁）
(13) Ibid., p.36.（邦訳、三五頁）
(14) Ibid., p.37.（邦訳、三六頁）
(15) M. Foucault, *Les Mots et les Choses*, Gallimard, 1966, Ch.8.（渡辺一民／佐々木明訳『言葉と物』新潮社、一九七四年、第八章、参照）
(16) M. Foucault, *Histoire de La Sexualité 1. La Volonté de Savoir*, p.56.（邦訳、五二－五三頁）
(17) Ibid., p.64.（邦訳、六〇頁）
(18) Ibid., p.110.（邦訳、一〇八頁）
(19) Ibid., p.110.（邦訳、一〇九頁）
(20) Ibid., p.110.（邦訳、一〇九頁）
(21) Ibid., p.111.（邦訳、一一〇頁）
(22) Ibid., p.112.（邦訳、一一一頁）
(23) Ibid., pp.112–113.（邦訳、一一一頁）
(24) ニーチェ『権力への意志』下〈ニーチェ全集〉原佑訳、理想社、一九六二年、七五頁。
(25) M. Foucault, Entretien avec Michel Foucault, 1980, *Dits et écrits*（以下 *Dé* と略記）*IV*, Gallimard, 1994, p.54.
(26) M. Foucault, *L'Ordre du Discours*, Gallimard, 1971, p.22.（中村雄二郎訳『言語表現の秩序』河出書房

新社、一九八一年、二一一―二一二頁）

（27）桜井哲夫氏も「フーコーがこの講演で述べた〈真理への意志〉というニーチェ風の用語は、あきらかに、アルチュセールのイデオロギー論を、フーコー流に言い換えたものである」としている。（桜井哲夫『フーコー』講談社、一九九六年、二一五頁）

（28）L. Althusser, Idéologie et Appareils idéologiques d'Etat, *Positions*, Editions Sociales, 1976, p.119.（柳内隆訳「イデオロギーと国家のイデオロギー装置」『アルチュセールの「イデオロギー」論』〈プラチック論叢〉三交社、一九九三年、九八頁）

（29）M. Foucault, Tabre ronde du 20 mai 1978, *Dé IV*, p.21.

（30）M. Foucault, Le Sujet et le Pouvoir, *Dé IV*, p.227.（『ミシェル・フーコー――構造主義と解釈学を超えて』、二九一頁）

（31）M. Foucault, *Surveiller et Punir, Naissance de La Prison*, Gallimard, 1975, p.185.（田村俶訳『監獄の誕生』新潮社、一九七七年、一五八頁）

（32）M. Foucault, *Histoire de La Sexualité 1. La Volonté de Savoir*, p.84.（邦訳、八二頁）

（33）Ibid., p.81.（邦訳、七八頁）

（34）H. L. Dreyfus and P. Rabinow, op.cit., p.277.（邦訳、二〇二頁）

（35）M. Foucault, op.cit., p.201.（邦訳、一九八頁）

（36）Ibid., p.203.（邦訳、一九四頁）

（37）Ibid., p.204.（邦訳、一九五頁）なお、引用文中の（　）の部分は、引用者の注釈である。

（38）Ibid., p.205.（邦訳、一九六頁）

(39) Ibid., p.205.（邦訳、一九六頁）
(40) G・バタイユ『エロチシズム』室淳介訳、ダヴィッド社、一九六八年、二三四頁。
(41) 同上、二八二頁。
(42) M. Foucault, *Histoire de La Sexualité 1. La Volonté de Savoir*, p.125.（邦訳、一一三頁）
(43) Ibid., pp.206–207.（邦訳、一九七頁）
(44) G. Deleuze, *Foucault*, Éditions de Minuit, 1986, p.106.（宇野邦一訳『フーコー』河出書房新社、一九八七年、一五四頁）
(45) J・ハーバマス『近代の哲学的ディスクルス』〈Selection 21〉、三島憲一ほか訳、岩波書店、一九九〇年、四一六頁。

第四章　統治性研究

啓蒙の時代には、理性は人間に真理をもたらし、理性に基礎をもつ合理性は進歩をもたらす、と考えられていた。だが、この現代の社会をみるにつけ、だれもそのようなことを信用していない。合理性を旨とする近代国家が大量虐殺を行なったり、合理性に基礎づけられた科学が、結果として、新しい環境問題を引き起こしている。

フーコーはそのことに関連して、「合理化と政治権力の濫用との関係は明らかである」と述べ、この関連は官僚政治や強制収容所をみるまでもなく、だれしもが認めうる周知のことであるとした。本来、真理や進歩をもたらすはずの理性や合理性が、逆の結果をもたらすという現実に対して、一つの答えをみつけだそうとしたのが、統治性の研究である。

ただ、フーコーはここで理性そのものを問うのでもなければ、フランクフルト学派のように、理性それ自体が孕む内部矛盾というものを問うものでもない。かれは、近代国家における、統治技術によって編み上げられる合理性の型を分析することによって、この問題に対する一つの答えをみつけだそうとした。

一　司牧権力

フーコーは、身体を対象とする権力の分析を「解剖‐政治学」と呼び、性と生殖を旨とする人間の生の営みに対して行使される権力の分析を「生‐政治学」と呼んだ。これらの権力行使の形態の底に、かれは権力行使における、合理性の型を読みとっており、それを司牧権力と名づけた。それを素描してみよう……。

フーコーは司牧権力の源流を古代オリエント社会にみいだした。つまり、そこでは「神や国王や首長は羊の群れが付き従う羊飼であるという考え[1]」が存在したのである。こうした考えはギリシアやローマにはなく、アッシリアやエジプト、ユダヤに存在していた。つまり、エジプトでは「王（ファラオ）は羊飼であり」、ユダヤにおいては、「神はダビデに羊の群れを集める使命を託した[2]」のである。こうした牧人の比喩では、悪い牧人（国王）は「羊の群れを散らし、渇きのため死なんとする羊を平気で放置し、さらに自分の利益のためだけにしか羊の毛を刈りとらない[3]」とされる。

そしてフーコーは、ここでの司牧と羊（民）との関係を、以下のように特徴づけた。⑴ 牧人（王）

は、「土地に対してよりもむしろ羊の群れに対して権力を行使する」(4)。後で論じることになるが、十六世紀以後ヨーロッパで発達した統治の技術は、この点に類似している。統治の技術が標的にするのは、土地ではなくて、そこに住んでいる人間なのであるから。(2)牧人は「羊の群れを一箇所に集め、先導し、指導する」存在である。つまり司牧者がいるからこそ、羊(民)の群れは集まり、その逆はない。(3)「牧人はすべてのこうした羊が例外なく、充分空腹を充たし救済されるよう配慮する」(5)存在である。すなわち、牧人は羊の一頭一頭に分けへだてなく気を配り、一頭が迷ったとき、他の羊を置き去りにしてでも、その一頭を捜すよう求められている。(4)こうした牧人の配慮は《献身的》でなければならない。それは何か見返りをもとめるような義務ではなく、「羊飼の行なう行為の一切はすべて羊の群れの利益のためにやる」(6)ような献身が必要であった、ということである。

フーコーは、「司牧者(牧人)のテクノロジー」が古代ギリシアでつちかわれた権力観と、まったく異なることを指摘する。ギリシア人は土地に対する神々の本源的所有を前提とし、人々に対する支配も、土地への拘泥のうえに成り立っていた。また、ギリシア人は共同体を調整し、統一することに重点をおき、共同体の秩序維持のためには、一人の政治家よりも、かれが創った法令などのシステムを重視した。さらに、古代ギリシアの政治家は共同体の成員の一人一人の生活に配慮することは求められていない。共同体全体への責任が第一のものであり、それが個々人への配慮に優先することを求められた。それは、あたかも船(共同体全体)が暗礁に乗りあげぬよう舵をとることが求められたようにである。そして、権力の行使は、自らを顧みない司牧者の「献身」ではなく、「義務」にあり、この「義務」は栄光という見返りが約束されていたのである。

たしかに古代ギリシアでも、最初は神が牧人として、人々の群れを導いていた。そこは牧歌的な世界で、国家は不必要であった。しかし、次の時代には、神は人々の牧人ではなくなり、人々は自分たち自身でやっていかなくてはならなくなり、国家を創ったのである。そこでは、人々は自分たちの外に強固な理念をつくり、国家はその理念に基礎をもつ法に裏打ちされていた。したがって、統治者の役割は織物を織り上げるように、人々の関係を組織し、秩序維持のための枠組みをつくり、国家の統一性を形づくることにあった。また、古代オリエントの遊牧民とは違って、古代ギリシアは農業国家であり、財産は羊ではなく土地である。わたしたちは、歴史的にみて、土地の所有権を巡る争いは、羊を巡る争いよりも激しく、それを抑えるためには強い強制力をもつ法制度が不可避だったことを、類推してしまう。

プラトンは、国王の役割は牧人のように、人々の先頭にたち、かれらを導くことであるとしたが、かれらに食物を与え、健康に配慮するのは、耕作者やパン屋や医者である、とした。とどのつまり、古代ギリシアの権力観は、法や制度によって人々に関わる外在的権力観である。それは、人々の一人一人の生活や生命や健康に配慮し、かれらの内面に入り込み、かれらを主体として構成するオリエントの内在的権力観とはまったく違うものである。フーコーはこれら二つの権力観を対比して取り扱わねばならないと主張し、次のように論じる。

私がこれらの古代テクストをかくも強調するのは、この問題（司牧者の問題）——というか、こうした一連の問題——がきわめて歴史の早い時期に提示されたことをこれらのテクストが我々に表明しているからである。この一連の問題は西洋の歴史全体を網羅し、なお今でも現代社会にとって最高の重要性になっている。こうした問題が取り扱うのは、統一の法的枠組みとしての国家の中枢で作働する政治権力と、その役割が全体及び個々人の生に絶えず配慮し、彼らを助け、彼らの境遇を向上させる、いわゆる「司牧」と呼ばれうる権力との関係なのである。(7)

古代ギリシアでは統治者は、個々の人々を法的枠組みに組み込むことによって、国家の統一性をつくりあげてきた。したがって、統治者は徳による統治を行なっても、その背後には、禁止し、合法と非合法とを区別し、排除し、検閲するような権力がある。それは外側からの権力行使に終始する外在的権力である。これに対して、古代オリエントで勃興した権力は、人々の生活に入り込み、それを支え、人々を主体（sujet）として構成するような生産的な権力、つまり内在的な権力である。そして、フーコーはこうした権力の対比が、現代社会のなかに、「最高の重要性」をもって流れ込んでいると考えていた。わたしたちがすぐに思い浮かべるのは、フーコーが行なった「法律的‐言説的権力」と「生‐権力」との対比である。たとえば、フーコーは近代の「性」に対する権力について語ったとき、「性」を外側から抑圧し、検閲し、禁止し、拒絶するような権力（「抑圧の仮説」）と、逆に「性」を赤裸々に語らせ、快楽を誘発し、「性」の構成要素となるような内在的な権力とを対比させた。

ただ、ここで押さえておかなければならないことは、古代ギリシアの権力も、古代オリエントの「司牧権力」もともに、権力観における一つのモデルにしかすぎず、古代ギリシアや古代オリエントで実際に行使された権力ではない。

こうした牧人をモデルとした権力観は、もっと深化した形で初期のキリスト教に受け継がれていく、とフーコーは考えた。第一に、ヘブライの牧人は羊の群れの命運に責任をもつが、初期キリスト教の牧人は、それだけではなく、羊の罪科を一身に背負い、羊を救済することが我が身の救済につながることを自覚し、羊を救うためには、我が身を滅ぼすことも辞さないという、羊たちとのより深くて複雑な精神的絆が要求される。第二に、羊の牧人への服従は、神の掟によるもの（ヘブライ）でもなければ、国家の意志によるもの（ギリシア）でもない。それは機械的、絶対的服従なのであり、服従自体が目的となる。つまり、「すなわち服従はギリシア人にとってのように、ある目的を達成するための暫定的手段ではなく、むしろ、目的それ自体となる」[8]ということである。第三に、羊は毎日自己の罪を検討（糾明）し、牧人に胸襟を開き、その罪を告白しなければならない。そして、牧人は羊の群れを教導しなければならないのだが、その教導は羊の「ひそかな罪」や個々の緻密な進歩の認識の上に立たなければならないのである。第四に、「罪の糾明や告白、良心の教導、服従というこれらのキリスト教的技術の一切は、一つの目標をもっている」[9]と指摘される。その「目標」とは、「禁欲苦行」のことである。フーコーはこれを、世俗的世界と自己自身とのつながりを断ち、彼岸のかなたに生命を捧げる修道士をイメージした一種の「死」と考えた。ただ、この「禁欲苦行」は自己の自己への関係、つまり自己のアイデンティティーを構成する要素の一つである、と考えられていた。

こうしたキリスト教的な司牧権力は「その構成要素が生、死、真理、服従、諸個人、アイデンティティーであるような特異な作用[10]」を導く、とフーコーは主張する。要するに、司牧権力は個々の生命に配慮し、個々人の服従を絶対化し、自己放棄という一種の死を目的（真理）とし、個々人をアイデンティティーにしばりつける技法なのである。大事なことは、司牧権力は個々人の生活に配慮し、個々人の心の内面にまで忍び込み、自己統御の技法を編み上げ、個々人を「主体」として構成する内在的権力だ、ということである。

わたしたちは普通、このキリスト教的な司牧権力が中世ヨーロッパのキリスト教世界で強く働いた、と考えがちである。だが、フーコーの考えは違う。つまり、中世の農村経済は広範囲な貧困のなかにあり、個々人のそれぞれに、個別的かつ平等に配慮するというような個人化と平等化は、農村社会では育たず、あくまでも経済的にも文化的にも都市のものであった、ということ。また、司牧権力と身分関係を旨とする封建的人間関係とは基本的にそぐわないものであった、ということだろう。しかし、司牧権力という権力観は中世においてまったく断絶していたわけではなく、地下水脈としてみえないところで流れていた。そして、こうした司牧権力は近代国家の形成に大きく関わり、花開くとされる。

二　国家理性

フーコーは、司牧権力をモデルにした統治技術が、十六世紀末から十七世紀初頭にかけて拡がったとし、以下のように主張する。

ものごとをきわめて図式的に述べるならば、統治技術は十六世紀の末から十七世紀の初頭にかけて、その最初の形態を手に入れた。すなわち、その形態は国家理性のまわりに組織された。国家理性は、今日その言葉に与えられている軽蔑的で否定的な意味（国家の利益のためには、法や正義、人間性を排除できるという意味）によってではなく、豊かな、肯定的な意味で理解されるべきである。国家はそれに固有の合理的な掟（法）によって統治されている。その合理的な掟は、自然や神によって基礎づけられている掟（法）でもなければ、徳や賢明さに基づく戒律に還元されるものでもない。国家は本性として、タイプは異なってはいてもその固有の合理性をもつ。逆に、その統治技術は超越的な規範、宇宙論的なモデル、哲学的・道徳的な理想のなかにその基礎を見つけだす代わりに、国家に特有の現実を構成しているもののなかに、その合理性の原理を見つけだすべきであろう(11)。

ここでフーコーが言いたいことは、十六世紀末から十七世紀初頭にかけて、新しい形の統治技術が生まれてきたこと。それは、国家理性という言葉のまわりに構成されてきたが、この国家理性という言葉を、従来の意味で捉えてはならない、ということである。

従来の国家理性は、国家の維持、強化という目的のためには、権力はいかなる法、道徳、倫理、宗教に優越してもよいという文脈で理解されてきた。そして、こうした国家理性の祖は、一般的にはマキァヴェリだといわれてきた。たしかに、マキァヴェリは君主の「権謀術数」がいかに倫理的に「悪い行為」であったとしても、国家の必要性のためには、倫理的規範を越えて正当化されると考えていた。そしてフーコーも、国家理性へと結実した統治技術が、神や自然の法、倫理的規範、道徳にその基礎を置くものではない、ということに同意はしている。しかし、フーコーは、国家理性に結実した統治技術は個々人をアイデンティティーにしばりつける内在的権力であるのに対して、マキァヴェリが構想した権力は外在的だ、と主張する。

フーコーはマキァヴェリの権力論を次のように分析する。まず第一に、マキァヴェリにとって、「君主は国家との関係において、単独的、外在的、超越的な関係にある(12)」のである。つまり、君主は臣民の一人一人の生活や生命に配慮する存在ではなく、その権力は国家に対して外から超越的に関わる外在的な権力だ、ということである。第二に、「こうした関係が、外在的なものであるかぎり、不安定な関係である(13)」とする。常に、領土を狙う外敵の脅威にさらされるだけでなく、臣民に君主の権威を受け入れさせるためのア・プリオリかつ絶対的な根拠が不在のため、内在的な脅威にもさらされている、ということだ。第三に、権力行使の目的は、君主と「臣民‐領土」との「関係」にある。そこでは、国家は「臣民‐領土」の総体につけられた名称ではなく、君主と「臣民‐領土」との「関係」のことである。要するに、マキァヴェリは、君主と「臣民‐領土」との外在的「関係」を国家と考えたが、その「関係」はきわめて不安定なものであった。かれの課題は、こうした不安定な「関係」（国家）を維持、強化するため、君主はいかに国家の外から関わるかということであった。あきらかに、マキァヴェリの描く権力は、あの個々人の生の形成に関わる内在的な司牧権力ではなく、外在的、超越的な権力である。

フーコーは、司牧権力をモデルにした国家理性は、マキァヴェリに反対する人々の文献のなかに色濃く表われた、と主張する。たとえば、フーコーはラ・ペリエール（Gillaum de la Perriére, 1499-1565）の主張を紹介し、次のように論じる。

一方で、多くの人々が統治しているという理由で、統治者とか統治の営みは多様な営みとなる。すなわち、統治者とは家長、修道院長、子供や弟子に対する先生や親方のことである。多くの統治が存在するのであり、それに比べて、君主による国家の統治はそのさまざまな形態の一つでしかない。他方、こうした統治の一切は、社会自体や国家に内在するものである。家長が家族を統治するのも、修道院長が修道院を統治するのも、国家の内部においてである。国家に関連した統治形態が多数あり、統治行為の内在性が存在すること、つまりこうした諸活動の多様性と内在性が存在するが、それらはマキァヴェリの君主の超越的単独性と根本的に対立する[14]。

家長や修道院長は、家族や修道僧の衣食住を保障し、財産を管理し、健康に配慮し、一人一人の一挙手一投足に気を配り、心の内面までをも聞きとり、不安を取り除くことによって統治する。国家に対する統治性は、このような多様かつ微細な統治技術の延長に位置づけられるものであり、君主は家長や修道院長をモデルにしている。大事なことは、こうした統治技術は主体や国家の構成要素としてビルト・インされている内在的な権力である、ということだ。したがって、ラ・ペリエールが国家理性として考えたのは、羊の一頭一頭に配慮するような司牧権力的な統治技術である。フーコーは、国家理性は統治のための《技術》であり、「君主が人々を統治する際、それにしたがって統治権を行使しなければならないような新しい合理性の型（母型）である[15]」と定義した。この合理性の型の内容が、司牧権力的な技術であるということである。肝心なことは、マキァヴェリの目標は君主の力の増大であったのに対して、国家理性のそれは、あくまでも国家自体の力の維持と増大である。

そしてこの時代、「国家を統治できるようになりたいと望む者は、自らを統治しなければならない[16]」ということを目指す君主教育が盛んになった。そこでは、君主たるもの、自分の家族や財産や土地をうまく管理できなければならないとし、君主にとっての家長としての能力が、国家のよき統治を決定すると考えられた。ここでは、家長としての能力が国家のよき統治につながるという、上昇する連続性が描かれている。逆に、「国家がよく統治されている時、家長は家族、富、財産、所有地をよく統治でき、人々もまた、申し分なく管理されている[17]」のである。つまり、よく統治された国家から家族のよき統治に下降する線（連続性）が描かれており、この線の延長線上に十七世紀から十八世紀に拡がったポリス（国勢管理）という統治技術が浮かび上がってくるのである。そして、君主教育もポリスもともに「エコノミーと呼ばれる家族の統治[18]」を基礎にもっている、とフーコーは指摘する。エコノミーとは妻や子供をよく管理し、財産を増やし、家を繁栄させるような統治技術としての「家政」のことであるが、大事なことは、「こうしたエコノミーを国家全体の水準で作動させること」であり、「国家の住民や富に関しては、家族や財産に対して家長がとるのと同等の注意深い監視や管理が導入されねばならない[19]」ということである。要するに、国家の強化と維持のために、「家政」で用いられた統治技術を、国家の統治に拡大することが肝要なのである。

さて、ラ・ペリエールが「適切な目標へと導くために担われる、モノ（les choses）の正しい配置[20]」と統治性を定義したことにフーコーは注目する。ここで言われた「モノ（les choses）」とは何か。フーコーは、この言葉のなかに、法や主権という思考の枠組みのなかで考えられてきた、従来の統治性との差異をみいだす。

フーコーは、従来の政治理論では、権力関係（統治性）に関して「法モデルを基礎にした権力に関する考え方（権力を正当化するものは何か）を用いるか、あるいは制度モデルを基礎にした権力に関する考え方（国家とは何か）を用いるしかなかったのである[21]」とする。たとえば、実定法の根拠に人間の理性と合致する自然法をもってきて、統治性を正当化する立場や、人々の合意（社会契約）によ

郵便はがき

料金受取人払

左京局
承認
3018

差出有効期間
平成17年6月
1日より平成
19年5月31日
まで

（このハガキは切手をはらずにそのままお出しください）

606-8790

（受取人）
（京都市左京局区内）
京都市左京区
一乗寺木ノ本町15
ナカニシヤ出版
読者カード係行

6068790　　10

■購入申込書　小社刊行物のご注文にご利用ください。

書名	本体価格	部数

ご購入方法（A／Bどちらかに○をつけてください）
A．裏面ご住所へ直送（代金引換宅配便、送料をご負担ください）
B．ご指定の書店で受け取り

ご指定書店名	取次
住所　市区　町村	（この欄は小社で記入）

読者カード

ご購読ありがとうございました。今後の企画の参考と、新刊案内にのみ利用させていただきます。お手数ですが下欄にご記入のうえご返送くださいますようお願いいたします。

本書の書名	

(ふりがな) ご氏名		男・女 (　　歳)
ご住所	〒□□□－□□□□	
	TEL　　(　　)	
ご職業		

■お買い上げ書店名

市　　町　　書店

区　　村

■本書を何でお知りになりましたか

1.書店で見て　2.広告（　　　　）　3.書評（　　　　）

4.人から聞いて　5.図書目録　6.「これから出る本」

7.ダイレクトメール　8.その他（　　　　　　　　）

■お買い求めの動機

1.テーマへの興味　2.執筆者への関心　3.教養・趣味として

4.仕事・研究の資料として　5.その他（　　　　　　）

■本書に対するご意見・ご感想

■今後どのような本の出版をご希望ですか。また現在あなたはどんな問題に関心を持っておられますか。

ご協力ありがとうございました。いただいた個人情報は厳正に管理いたします。訂正、ご要望等は営業部までご連絡ください。

ってうちたてられた制度の正当性によって、統治性を説明する立場がある。これらの立場は、ともに統治性を主権の正当性によって根拠づけることに終始している。そして、権力を支持する人も、権力に反対する人も、その立場を理性や人々の同意という絶対的根拠によって正当化する。しかし、ここでいう絶対的根拠は理性のうえに描かれた捏造物（解釈）でしかないのであり、いかなる正当性も存在しない、ということである。

フーコーはこうした立場を「法律的‐言説的権力」と呼んだ。こうした法制度上の正当性の上に描かれた権力は、合法と非合法の二項対立で物事を測り、拒絶し、禁止し、検閲する抑圧的機能として作用し、その形態は「法を定める王の、禁じる父親の、沈黙を課する検閲官の、あるいは法を主張する主人の形[22]」をとるとした。こうした権力は、個々人を主体として構成し、エネルギーを引き出し、何かを生産するような権力ではなく、あくまでも個々人の外側から抑圧的に働きかける外在的権力なのであり、フーコーが「抑圧の仮説」と名づけた、本質的なものを外側から抑圧する権力と同義である。そして、従来の統治技術は、この「法律的‐言説的権力」に、その基礎をもっていた。

こうした「法律的‐言説的権力」は、法制度上の正当性を絶対的、超越的根拠とするものであった。この法的言説のなかでは、一切の事象が正当性に収斂するように秩序づけられている。だが、正当性の根拠は神法であれ、自然法であれ、そこでの正当性は形而上学的理性のうえに描かれた一つの捏造物でしかない。フーコーは、法制度上の正当性に意味づけされたレヴェルとは異なった、具体的な出来事のレヴェルに現われるさまざまな「モノ（les choses）」を集積させ、別の統治技術と別の合理性を輪郭づけようとした。

したがって、フーコーが「モノ（les choses）の正しい配置」と規定した統治性は、法制度上の正当性のレヴェルとはかけ離れた、「現実のレヴェル」を対象にする。ここで「モノの統治」をフーコーは次のように定義する。ここでいう「現実のレヴェル」とは、意識であれ、行為であれ、さまざまな装置や技術をとおして、現実に出来事として現われる結果の次元のことであり、プラティックの場のことである。それは「人間とモノを対置させることが問題ではない」。フーコーは人間もモノだと考える。つまり、すべてはモノの水準に位置づけられるのである。そして、「統治性が担わなければならないモノ、それは人間である」とする。それは、「富、資源、食料、もちろん領土というモノ（les choses）と関係し、絆を結び、もつれあう人間である[23]」。また、それは「風習、慣習、作法、思考法といった別の事項（les choses）と関連する人間[24]」であり、「飢饉、伝染病、死という事故や不幸に遭遇しうる事態（les choses）と関連している人間」なのである。要するに、モノの水準において現われる、さまざまなモノ、事項、事態、事象（les choses）と人間との組み合わせが、統治性の対象となるのである。ラ・ペリエールが、統治性を「適切な目的に導くために、担うべきモノの正しい配置」と定義したとき、この定義は合目的性をもっている。フーコーは、この目的をめぐって、「統治性は主権と対立する」と考えた。たしかに、法制度上の正当性を根拠とする主権も目的をもっている。つまり「常に統治者はよい統治者であるために、目的すなわち《共通善や全体の救済》を提示しなければならない[25]」のである。しかし、その目的は人々の法への服従（理性、自然、神への服従）を前提条件にしている。つまり、「理性、英知、慎重さ」という共通善や、そのことによる全体の救済は、法への服従（正当性）を構成要素にし、また法への服従を目的にするのである。したがって、主権は法への服従を前提条件にしており、その目的（共通善や全体の救済）も法への服従が構成要素となっており、問いかけのなかに答えが含まれているという意味で、法の領域という閉鎖系のなかでの問答になっている。それゆえに、ここにあるのは、等質的な閉じられた空間における「循環論」である。つまり、「主権にその目的である法への服従の達成を可能にさせるのは、法自体である[26]」という閉鎖系を構成している。一言断っておくが、国家理性においても、君主に「理性、英知、慎重さ」が要求されるが、それは統治性の手段であって、目的ではないのである。

ラ・ペリエールの「適切な目的」は、「可能な限りの最大の富をつくりだし、充分かつ多量の食料を提供し、人口増加をはからねばならない[27]」というような多様性へと開かれている。つまり、富、食料、人口等に対して、多数の手段が存在し、同じ数だけの目的が存在するのである。ここでは「統治すべきモノの各々にとって、適切な目的へと導くようなモノの正しい配置法が」問題なのである。すなわち、モノを配置するプロセスが目的なのであり、法における正当性よりも、戦術や手段が優先されるのである。そして、十七世紀以後、法は確実に後退する、とされる。要するに、多数の手段や戦術による多数の目的があるのであり、法は一つの手段でしかない。したがって、ここには多様性へと開かれた開放系があるのである。

ともかく、「モノの配置」という統治性には、理性、英知、慎重さというものからかけ離れた、モノに対する醒めた新しい知が要求されるようになる。その知は、十七世紀から十八世紀にかけて、重商主義や財政学のまわりに組織され、新しい統治技術を生みだすのである。そして、家政の拡大として発達した統治技術は、ポリス（国勢管理）へと組みかえられる。

三　ポリス(国勢管理)

フーコーは、十七世紀に入ると、世の中が激変し、新しい統治技術が要請されるようになったと考える。しかし、この新しい統治技術が生まれるにあたって、さまざまな妨げがあった。たとえば家族をモデルにした統治術は古くなり、新しい統治技術の発展にとって、一種の束縛となってしまっていた。また、三十年戦争による荒廃、十七世紀中頃に勃発した農村や都市の暴動、それから君主体制を悩ませた財政危機や食料危機などがあげられるであろう。つまり、新しい統治技術が生まれるのは、「発展の時代であって、軍事的、経済的、政治的に切迫した状況においてではない」[(28)]。さらに別の理由として、君主主権を優位におく立場がある。それが、主権をもつ君主の権力強化を主要な目的とするのに対して、新しい統治技術では、国家自体の強化が求められている。そうした君主主権を優位におく立場は、国家自体の強化をはかる統治技術（ここには国家理性も含まれている[(29)]）の発展を妨げてきたのである。

フーコーは、新しい統治技術の束縛となっている事態を打開したのは人口である、と考えた。十七世紀の国家の激変のなかで、君主は自前の軍隊（常備軍）をもち、法制度を整え、財政のシステムを確立し、重商主義政策をとった。そのなかで、国家の力そのものに対する知が必要となった。その第一の標的となったのが人口なのである。そもそも重商主義にとって、国力の指標は仕事をもった労働可能な人口である。したがって、人口を測定し、出産や死の件数を記録し、伝染病や風土病や事故を確率で表わし、また人口にみあう農業生産物の量、食料、資源を測定することが急務となった。そして、こうした人口に商品の流通が結びつけられ、人口統計学が生まれた。すなわち、フーコーは「（新しい）統治技術を妨げていたものを取り払ったのは、十八世紀の人口統計学であり、それは歴史家が十分に認識しているような流通過程における、豊富な通貨量や、農業生産物の増加と結びつけられている[30]」と述べている。

ここで大事なことは、統計学の対象となるのは、ラ・ペリエールが「統治性は正しいモノの配置である」とした意味でのモノである、ということだ。こうしたモノは、形而上学的理性によって法的枠組みのなかで描かれた主権に意味づけされ、配置され、秩序化されている「もの」ではない。先程も述べたことだが、それは理性の外にある出来事の水準（現実の水準）に現われるモノである。そして、統計学はこうした諸々のモノを集積し、そこから帰納的に一つの規則性を導きだすのである。また、かつて家政として理解されてきたエコノミーは、その小さな家族という枠組みから離れて、現在わたしたちが使っている「経済」という意味に変わってくる。つまり「統計学が人口に固有の諸現象を数量化することを可能にしたとき、じっさい、家族という小さな枠組みに還元されない特殊性が現われる[31]」のである。エコノミーは質的にも量的にも家族に還元されえなくなり、統治のモデルとしての家族は消失し、統計学を背景とした新しい統治技術としてのポリス（国勢管理）が考案されたのである。

とにかく、統計学を旨とする新しい統治技術は、一方で統計学的算術によって導きだされた戦術により、軍事装置を拡充し、同盟関係を強化し、国際社会に勢力均衡の状態をつくりだし、国家の維持と強化をはかる「外交的－軍事的テクノロジー」を生みだした。また他方で、「国家の力を内側から増大させるための必要な手段の総体である[32]」ポリスを生みだしたのである。そして、これら二つの技術を実現する共通の手段は、商業と国家間の貨幣流通であった。つまり、「人口、賃金労働者、生産物、輸出が増え」、強い軍隊をもてるのは、商業によって国家が豊かになるからである。要するに、「人口－富という組み合わせは、重商主義と財政主義の時代において、新しい統治理性の特権的な対象となる[33]」ということだ。フーコーは、ポリスについて記述している三つの文献を紹介している。一つ目はテュルケ（Louis Turquet de Mayerne）の『貴族的で民主的な君主制』（一六一一年）である。テュルケは、そのなかで、ポリスは国家の豊かさや繁栄につながるすべての領域に関わり、組織された国家の美しさだけでなく、国家の力に結びつくこと、ポリスは人々の相互扶助の関係を、労働関係や交易関係に発展させることに関わることなどを主張している。大事なことは、ポリスという統治技術がなければ、「人々の暮らしは不安定かつ悲惨で、いつまでも危険にさらされるだろう[34]」とフーコーが補足している点である。

二つ目はドラマール（Nicolas Delamare）の『ポリス概論』（一七〇五－一七三八年）である。ここでドラマールは、ポリスが軍隊、司法、財政以外の、またはそれらを支える一切の領域に関わることを指摘する。つまり、それは宗教、健康、備蓄、生活の維持に配慮し、商業、工業、労働者、貧民、公共秩序に対処する一切の企てのことである。そしてフーコーは、ドラマールにおいては「人々が生きながらえ、生活し、しかもいっそう良くそうするようにすることがポリスの仕事である」とし、「ポリスの唯一の企ては、人間がその生活において享受しうる最大の幸福へと人間を導くことである[35]」と結ぶ。

三つ目はドイツのポリツァイ学（国勢管理学）の中から、ユスティ（Johann Heinrich Gottlob von Justi）の『ポリツァイ学の原理』（一七五六年）を選んでいる。フーコーはユスティの理論を次のように分析する。ポリスの目的はあくまでも国家の力の増大であり、その目的を達するためには、人々の幸福を保護しなければならない。つまり、ユスティにおいては「ポリスは市民生活を豊かにすると同時に、国家の活力を増強することに在する[36]」とフーコーは解説している。そして、ポリスは住民の生活のすべてに関わるとし、国土、資源、住民、都市を統計学的に分析し、統治技術と結び合わせたのである。

これらのポリスに対する見解を総覧すると、一つのキーワードが浮かび上がってくる。それは「人間の幸福」である。もちろん、ポリスの目的は国家の力の維持・強化であり、「人間の幸福」は統治のための手段でしかない。ここでは、「人口が統治性の目的、道具として現われる[37]」のである。人口は物を生産・流通させ、軍事力を強化し、国を富ませるための必要条件となる。そして、人口をめぐって、身体をこちらの思いどおりに、かつ効率的に作動させるテクノロジー（「規律権力」）や、出生率、羅病率、寿命、妊娠率を調べ、健康に配慮し、性を管理する「生ｰ権力」という権力行使のテクノロジーが考案された。大事なことは、これらのテクノロジーが「人間の幸福」ということを基礎にして組み立てられた、ということである。そして、ドレイファスとラビノウはこれらのテクノロジーと「人間の幸福」との関係を、以下のように述べている。

国家の行政機関は人々の必要と幸福という見地から福祉を問題にする。もちろんこれらは以前の行政府が奉じていた目的でもあった。しかし関係は逆転していた。人間の必要（幸福）は、もはや目的それ自体ではないし、人間の本質的な本性を発見しようと努める哲学的言説の主題であるともみなされなかった。人間の必要や幸福はいまや道具的で経験的な見地から、国家権力の増強の手段とみなされたのであった。(38)

つまり、「人間の幸福」は一見その美名のもとで、哲学や理念のテーマとして取り扱われるが、統治性のなかで浮かび上がるそれは、冷酷な側面を持ち合わせた統治の手段なのである。マルクスが言う「翌日に企業の門に出頭できる」ための居食住が保障され、健康が管理され、快適な生活を送る環境が整えられる試みの底には「人間の幸福」というテーマが存在していた。と同時に、「人間の幸福」の名のもとに、生産力や軍事力が組織され、荒々しい競争市場や他国への侵略が生みだされた。すなわち「生の防衛と大量虐殺との同時可能性」が作りだされた、ということだ。要するに、ポリスは国家の内側で、「人間の幸福」に配慮するという手段で、個々人の内面に滑り込み、個々人の身体と生を構成するが、フーコーはこうしたポリスに、個々人をアイデンティティーにしばりつける司牧権力の型を読みとるのである。

四　安全保障装置

十八世紀に入り、自由主義が台頭してくると事態に変化が生じる。フーコーは、自由主義を理論やイデオロギーとしてではなく、「統治の実行を合理化するための原理や方法[39]」として分析した。そして、「自由主義は、おそらく法律的省察よりも経済的分析から派生した[40]」と考えた。つまり、自由主義は社会契約による政治社会や政治的権利から派生したのではなく、市場経済に基づく経済的自由に、つまりレッセ・フェールに由来するとフーコーは考えていた。つまり、市場には自然の流れがあり、それを外部から規制するよりも、自由に自然な流れにまかせるほうが合理的な結果がえられるとする市場の自由が、自由主義の根幹を形成しているのである。

フーコーは「問題となるのは、重農主義者の経済表であり、スミスの「見えざる手」である[41]」とした。規制によって穀物の価格を抑える重商主義に反対し、市場の自由な価格形成により得られる《良貨》を求める重農主義や、経済的主体の利己的な経済活動が「見えざる手」に導かれて合理的な需給関係をもたらすとしたスミスに、フーコーは自由主義の萌芽をみたのである。そもそも重商主義は貨幣を富の源泉とし、市場を統制することによってそれを確保したが、そこには、さまざまな規制と高関税がひかれていた。こうした重商主義を背景にポリスという統治技術が編み上げられたのである。重農主義者もスミスもともに、「重商主義－ポリス」を批判し、経済的自由に基づく自由主義が考案され、それを基礎にした政治経済学が生みだされたのである。

「重商主義－ポリス」は規制を拡大すればするほど、富が増えると考える錯覚に陥り、そこに統治性の過剰が生じた。重農主義者やスミスは市場の自由から、こうした統治性の過剰の非合理性を指摘したのである。つまり、「十八世紀の中頃、《食糧難》もしくはより一般的には穀物の商取引の分析は、どの点から統治が過剰になるのかを示すことを目的とした[42]」ということだ。つまり、市場の自然の流れによる最適状態の実現と統治性の過剰との間に不一致が生じるのである。さて、フーコーは自由主義を、一つの合理化として理解するべきだとし、それが目指すのは「そのコスト（経済的かつ政治的コスト）を最小にすることによって、その効果を最大にすることであった[43]」とした。つまり、自由主義に基づく政治経済学は、市場の原理によって、いかに統治の過剰を抑え、効率的な統治を実現するのかということをテーマとした。また、人口に関しては、ポリスが人口は多ければ多いほどよいとしたのに対して、自由主義の政治経済学では、最適な人口が目指されることになる。

もともと、伝統的な自由主義は自然法や社会契約を基礎にした政治的権利（所有権、生存権、表現の自由、信教の自由など）の拡大を保障し、専制や権力の乱用を阻止するものと考えられてきた。こうした自由主義は法的な正当性を根拠におき、「法律的‐言説的権力」の枠内に位置づけられるものである。権力に抵抗する自由を、その根拠におく自由主義であった。しかし、フーコーが強調したいことは、自由主義は権力への抵抗となるものではなく、権力行使の技術の構成要素である、ということだ。ポリスが法や規則や規範で人々の行為を規律化し、ある規格にあてはめるという、規制(regle)を旨とした統治技術であるのに対して、自由主義はより複雑に人々の生に介入し、自然の流れを維持するため、全体を調整する統治技術の条件である。すなわち、ポリスの規制は自由主義の調整(regulation)に取って代わられるのである。ここでフーコーは「安全‐人口‐統治という一連のつながりを設定することが問題である[44]」と指摘する。そしてフーコーは、人口を管理し全体の最適を維持・強化する統治は、全体を調整するために、安全保障装置(dispositif de sécurité)というものが働く、と考えた。つまり「本質的に人口に支えられ、経済的知の編成に依拠し、またそれを使う統治国家は、安全保障装置によって管理された社会に一致してきた[45]」のである。そして、調整を旨とする安全保障装置は、きわめて複雑かつ内在的に機能する。たとえば、法は安全保障装置の一つであるが、議会制民主主義のもとでは、統治されている人々が立法行為に参加するため、調整は外から行なわれるのではなく、内在的なものとなる。

調整を旨とする自由主義は、規制を最小にすることで、最大の効果を生みだすことを目指すものであった。「最小の規制」ということは、統治が社会や人々の生活に介入しないということを意味しない。逆にそこでは、自然の流れを阻害しないものには寛容であるが、少しでも自然の流れを阻害する要因があれば、それを認識し、排除し、調整・管理する統治技術が機能している。つまり「国家が国民に協定として提示するのは、《あなたがたは保障されるであろう》ということである。そしてそれは不確かなこと、突発的事故、損害、リスクに対しての保障である」[46]。要するに、ここでの保障は「社会防衛」の見地から、社会の調整を逸脱するものを管理し、排除するシステムが導入された、ということである。

もう少し詳述してみよう。フーコーは次のように論じている。

安全性に基づく社会は、さまざまに多様な一連の行為全部を、換言すれば異常者や、お互い戦いあっている敵対者をも容認する。しかし本当のところは、その外では偶発的なものや危険なものとして見なされる事物、人物、行為が排除されるという防御線があり、その防御線のこちら側に一連の行為が身を置くという条件のもとで容認されるのである[47]。

安全保障装置のなかでは、ある一線(防御線)を越えないかぎり、少々の規範からの逸脱、異常性、突飛な行為は許される。しかし、ひとたび一線を越えたときには、それらは徹底的に排除されるということである。ここでいう「防御線」とは、行為の逸脱が社会の調整を危うくするか否かというところに引かれており、防御線の中では、自由放任が認められている。

ところで、こうした安全保障装置は、「社会の防衛」と表裏の関係にある。人口を管理すべく考案された「生－権力」は健康に配慮し、羅病率、出生率、死亡率を分析し、生存や居住を監視するが、こうしたプロセスのなかで、精神医学はさまざまな危険因子を掘り起こす。それは、「殺人偏狂」や「変質（死姦、窃盗狂、動物愛好症、呪物崇拝症、露出狂、男色）」であり、「社会防衛」の名のもとに、治療、断種、監禁、死が与えられた。

大事なことが二点ある。一点目は「安全に関する協定は、合法性のシステムと同じタイプたりえない[48]」というフーコーの指摘にある。安全という概念はその根拠を、自然法に基礎づけられた法的権利に置くものではない。フーコーは安全保障装置は法と一致せず、時として法を越えて行使される統治技術だ、と考えていた。要は、形而上学的理性のうえで考案された「安全」が大事なのではなくて、現実のレヴェルに散らばったさまざまな出来事が編み上げる系譜学的な「安全」が大事なのである。二点目は安全保障装置は個々人に対して、外から働きかける統治技術ではないということである。すなわち、「安全を保障する国家は、日々の生活の網目が常軌を逸した異例の出来事によって穴をあけられた場合の一切に、当然介入するような国家である[49]」。すなわち、安全保障装置は個々人の「日々の生活」のすみずみにまで目をむけ、一人一人に安全の保障を語りかけるような権力なのである。「あらゆる場面に配慮する[50]」ということがこの権力の特徴であり、またこうした特徴によって安全保障装置は個々人の内面に滑り込み、個々人をアイデンティティーにしばりつけるのである。要するに、安全保障装置は法によって、外側から行使される権力ではなく、国家に内在し、主体を構成する司牧権力の型をもっているのである。

五　「幸福」と「安全」

十六世紀以降、ヨーロッパにおいて、国家という新しい政治システムが生まれ、今日まで発達してきた。こうした国家における、権力行使の特色は、個々人を全体にしばりつけると同時に、個別化する形式をもっていた。そして、ここに導入されたのが、司牧権力である。つまり、個別化の技法と全体化の手続きの巧妙な結合は「西洋近代国家が、キリスト教の制度を起源とする古い権力技法（司牧権力）を新しい政治形態のなかに吸収したためである[51]」ということだ。とにかく、フーコーによると司牧権力は、個々人の救済を保障し、そのためには司牧権力は自らの犠牲をもいとわず、個々人の全生涯を見守り、告白を聞くことで個々人の魂に配慮し、個々人を教え導く技法であった。そして大事なことは、こうした技法が「真理――その個人自身の真理――の産出に関連させられている[52]」ということである。個人自身の「真理」とは、それに従えば絶対に間違いがないという内的な規範であり、確信である。したがって、個人自身の真理は司牧者に対する絶対的服従と、「わたしは何者だ」という問いの答えを構成する主体となるのである。

フーコーは、かれの論考の目的が、「わたしたちの文化のなかで、人間が主体として構成されているさまざまな様式についての一つの歴史を創設すること[53]」であったと述べ、自己の論理的営為のターゲットが主体であったことを吐露している。それは「主体とは何か」を問いかけることが問題ではなく、「主体がいかに構成されるか」を問うことが大事なのであり、主体を構成する権力形式がテーマとなる。そして、近代国家は個々人をアイデンティティーにしばりつける権力技法である司牧権力を導入し、全体化と個別化をはかったのである。こうした司牧権力をモデルとして、十六世紀の末から十七世紀の初頭にかけて国家理性が、十七世紀中頃にはポリス（国勢管理）が、十八世紀に入ると安全保障装置が、それぞれ統治技術として編みだされた。これらを総覧してみよう。これらの統治技術は内在的権力として機能し、個々人をアイデンティティーにしばりつけ、「個人自身の真理」の産出に寄与し、個々人を主体として創りあげた。そして、主体の構成に際して、国家理性においては、家長の慈愛にみちた有徳な家族への配慮が、ポリスにおいては「人間の幸福」が、安全保障装置においては「安全」が介在する。たしかに、人は慈愛にみちた至れり尽くせりの配慮のなかで、幸福かつ安全に暮らしたいものである。また、ここに人が真理や自由を感じるのも事実であろう。司牧権力は、真理や自由の構成に関わることによって、統治の正当化をはかる技法でもあったのである。

フーコーはこれまで、「規律権力」や「生‐権力」という権力行使の技術を提示してきたが、それがなぜ人々に受け入れられ、広がるのかということは問わなかった。それは、人々の動機を問うことであり、ポスト・モダンの思想家にとっては禁じられた手法だからである。フーコーの系譜学は動機（原因）を直接問うことなく、結果のレヴェルに現われる出来事を集め、そのぶ厚さのなかで動機（原因）を縁取るという手法をとった。動機は人の心理に関わることであり、そこでは理性によって整序された意味によって説明されがちである。ここには「自我の明証性」が働いており、水が上から下に流れるように、「幸福」や「安全」という真理に予定調和的に収斂するような理性の作用が機能しており、結果は真理の範囲に制限されかつ単純化される。そこには真理に閉じられた閉鎖系があるばかりだ。

フーコーは「幸福」や「安全」という動機は、従来の政治学では法的言説で語られてきたとする。つまり、人は幸福や安全を求めることは自然（本性）であり、絶対疑うことのできない真理であると考えられた。したがって、それを阻害する行為は「反－自然」であるとされた。法は自然を根拠にした真理（幸福、安全）に、その普遍性を負うている。また、こうした自然を根拠に、幸福や安全を追求するための契約による政治制度が考案された。そこでは、権力の側にいる人は、この真理（幸福、安全）によって自らの権力を正当化し、反権力の側にいる人はこの真理を根拠にして反抗するという二項対立の構図しかない。また、こうした真理を背景にした権力は、真理に反する主体を、その外側から禁止し、拒絶し、排除するという「抑圧的」機能しかもたない。すなわち、それは主体の内側へ働きかけ、そこで真理を構成するような内在的・生産的権力ではなく、外在的・抑圧的権力なのである。したがって、フーコーは国家理性、ポリス、安全保障装置を分析する際、法や法的権利からの説明を排除したのである。

しかし、フーコーは統治性のプロジェクトにおいて、「幸福」や「安全」という動機を対象にしている。ただそれは、理性によって整序された意味のうえに描かれた動機ではない。出来事のレヴェルで起こるさまざまな事件、事象、状況が積み重なり、その結果人口が浮かび上がり、その人口のまわりに「幸福」や「安全」が組織された、ということだ。したがって、法や制度の目的となっている「幸福」や「安全」が問題なのではなくて、統治技術の手段となっている「幸福」や「安全」が問題なのである。そして、こうした「幸福」や「安全」は統治における合理性の説明原理になるが、それは国力の維持・強化のための手段であるがゆえに、いかようにも利用される。たとえば、ナチズムはヨーロッパの健全な幸福のためにユダヤ人を虐殺し、安全のため反社会的人間を断種した。それはスターリニズムにしても然りである。フーコーは、二つの「権力の病弊」であるファシズムとスターリニズムについて「それ自体の内的狂気にもかかわらず、わたしたちの政治的合理性の考え方や仕掛けを大いに使ったのである[54]」と述べたが、それは、合理性はあくまでも手段であり、必ずしも「幸福」や「安全」に結びつかないことを示唆したのである。

いずれにしてもフーコーの狙いは、統治性という合理的な権力行使のテクノロジーのなかで、「いかに主体が構成されているのか」を問うことであった。そして、かれは自然、主権、法、権利などの言葉で説明することを拒絶し、生命、健康、性、身体、人口などの言葉を使って主体の構成について説明した。つまり、健康を管理し、安全を保障し、快楽を創りだし、身体を作動させ、生命に配慮する権力がそこには介在している。しかし、そうした権力が人間の内面に滑りこみ、人をアイデンティティーにしばりつける以上、わたしたちには完璧なまでに支配され、統治されている主体しかみいだせず、抵抗する主体はどこにも存在しないことになる。おおむね、抵抗の不在には二つの要因がある。一つ目は、構造が社会のすみずみまでをも完全に規定しているような印象をあたえる構造主義的全体論である。そこでは権力のテクノロジーが常に既に組み込まれている構造があるばかりで、抵抗する主体はみあたらない。二つ目は、本性、自然、法的権利などの普遍性、すなわち理性のうえに描いた価値を排除したとき、人はなぜ抵抗するのかということの根拠を無くしてしまうということである。要するに、絶対的な「正しさ」を取り除いたとき、抵抗の根拠をも失ってしまうのである。

もちろんフーコーは、「権力関係が、定義上脱出の手段である不服従（抵抗）の観点なしに存在することはありえない[55]」とし、権力と抵抗とは物事の裏表と考えていた。また、「汚名に塗れた人びとの生活[56]」や「家庭の混乱[57]」で、権力に収まりきれない人々や、抵抗する側の人々の声を聞きとり、抵抗の側の言説を汲みあげたり、また権力行使のテクノロジーが反転して、そのテクノロジーが構成した主体を侵犯する力となることを主張した。しかし、そのインパクトは弱い。そこには、ドゥルーズのいう「袋小路」があるばかりだ[58]。

だが、あきらかにフーコーの狙いは抵抗が組み込まれた主体であった。そのことはハイデガー、あるいはニーチェを経由したハイデガーと重ね合わせると、よりはっきりする。フーコーとハイデガーが類似しているとする見解をドゥルーズから読みとろう。ドゥルーズは彼ら二人の共通項が通俗的な現象学の志向性に対する批判にあるとした。すなわち、「人間の意識は必ずなにか対象についての意識である」という志向性は、「新たな心理主義と新たな自然主義を発明してしまう[59]」ということになる。つまり、意識を意味作用のなかで捉える「新たな心理主義」や、対象を本質直観によって、ありのままのみてとることできる「無垢の体験」とする「新たな自然主義」を発明したのであるが、そこには「意識－対象」（あるいは「主体－客体」）という形而上学的二元論が残っていたのである。ここでは、「内」（主体）と「外」（客体）は隔絶したものとして存在している。フーコーもハイデガーもともに、形而上学的な二元論の否定から思考を出発させた。そしてドゥルーズは、ハイデガーが二元論を乗り超えたのは、**le pli**（折り目）という第三項を経由してであった、と主張する。つまり、こうである。

志向性から折り目（**le pli**）へ、存在者から存在へ、現象学から存在論へ、ハイデガーの弟子たちは、どれほど存在論が折り目と不可分であるか、わたしたちに教えてくれた。「存在」は厳密には、存在が存在者とともにつくりだす折り目である。……存在の展開は折り目の反対物ではなく、折り目そのもの、「開かれたもの」の蝶番、露にすることと覆うことの一意性にほかならないからである。(60)

プラトン以来の形而上学は、「内」にある理念（主体）と「外」にある自然（客体）が一致することに真理があるとした。これに対してハイデガーは、真理が「主体と客体の一致」に由来するのではなく、人間存在に内在する「本来性」（本当の人間存在）に由来するとした。そして主体（現存在）は、死を自覚することによって頽落を断ち切り、「本来性」を目指す存在と、世俗に流され、「非本来的」に生きている存在者を結びつける蝶番《ちょうつがい》としてある。つまり、それは存在と存在者という二つの項が結びつけられる第三項なのである。そして、主体の「内」にある「本来性」は、その「外」にある世界や他者にかかわっていく。ここでは主体（現存在）は「内」と「外」をつなぐ蝶番にもなっているということだ。すなわち主体は一つの le pli（折り目）なのであり、存在と存在者が折り重ねられている折り目である。「内」を囲い込んだ「外」、あるいは「外」を囲い込んだ「内」……。

ドゥルーズは、フーコーが「折り目と裏地」という主題について、ハイデガーから強い理論的刺激をうけたことは疑いがない、と論じた。[61] フーコーは、結果のレヴェルに現われる、諸々の出来事や、諸事件、諸資料の分厚さのなかで縁どられるあの主体、「解剖‐政治学」や「生‐政治学」、あるいは司牧権力によって囲まれ、アイデンティティーにつなぎとめられた主体、つまり外から囲みこまれた主体（「内」）を描いた。と同時に、かれは「権力は、自由な主体に対してのみ行使されるのであり、主体が自由であるかぎりにおいてのみ権力は行使されるのである」[62]と述べ、権力の行使はそれに反抗する自由な主体を前提にしているとした。権力によって構成された主体の裏側にある自由な主体。それは主体を壊乱する欲望の持続的暴力としての（サド）、主体の侵犯としての（バタイユ）、イデアを突破するピュッシスとしての（ニーチェ）もう一つの主体のことであり、裏地としての主体である。権力の網の目にからめとられた主体は、裏地としての自由な主体と折り重なる。そこに折り目(le pli)があり、この折り目こそが「今あるわたし」（主体）、つまり第三項なのである。そして、この「折り目」は「外」を折りこんだ「内」であり、「内」をひらいた「外」なのである。

たしかにフーコーはハイデガーに似ている。ハイデガーは「存在とは何か」を問いかけるが、それは「存在」そのものを問うのでなく、「存在」の意味を問うこと、つまり存在の内的条件を確定することであった。そしてかれは、人間存在を形而上学的二元論に根拠をおく「理性」「悟性」「感性」「主観」「客観」などの言葉で説明するのではなく、「情状性」「了解」「語り」「気遣い」「頽落」「時間」などの言葉で条件づけた。それに対して、フーコーは主体のあり方を、法（神の掟や自然の掟に基づいた法）に根拠をおく「自然」「主権」「権利」などの言葉によって説明されるのではなく、「規律」「性現象」「狂気」「監獄」「囚人」「人口」「統治技術」などの言葉によって根拠づけた。ドゥルーズは「やはりフーコーが関心を抱くのは条件についてなのである」とし、まさにその点が「ハイデガーによって投じられ、フーコーによって引き受けられた問い、みごとな矢にほかならない[63]」のである。

しかし、わたしの考えでは、この地点からフーコーはハイデガーと袂を分かつ。ハイデガーは、世界とともに生きている共存在である主体は、本来性を自覚することによって、頽落と手を切り、「本当の人間存在」を生きるという図式を描いた。しかし、この本来性は形而上学的な超越性の色彩を帯びている。つまり、ハイデガーにとって「真理」は「主‐客の一致」という形而上学的真理ではなく、「暴かれた本当の存在」であり、「露わにされた本来の在り方」であった。だが、この「真理」は「本当でない存在」や「本来でない在り方」という「非本来性」を前提にしており、本来性は「絶対に正しい」ということになる。ここでは、真理は「本来性‐非本来性」の形而上学的二項対立に貫かれている。したがって、こうした真理を基礎にした「本来性」は形而上学的問題設定にとどまっており、「神」、「真理」、「客観性」と同様、外側から主体に介在してくる。そして、こうした「本来性」を自覚した主体は、共同体のなかで「本当の共存在」（あるいは「本当の共同体」《ナチズムの理想的な民族》）となり、「世界」、「歴史」、「他者」を主体の側に回収する。そこには「本来性」という絶対性に閉じられた閉鎖系ができてしまう。要するに、ハイデガーは存在の意味を問うことで「外」と「内」をつないだが、その後「本来性」をもちこむことによって、「外」を「内」に閉じてしまった。

これに対して、フーコーは「世界」、「歴史」、「他者」のなかにとどまり続ける「主体」をテーマとする。それは、「外」という権力関係にさらされた「今あるわたし」なのである。つまり、ハイデガーの問題設定に「権力」という要素を介在させることによって、フーコーの「主体」は「外」にとどまることになる。この「外」は系譜学的開放系であり、ここではハイデガーよりもニーチェが主流となる。(64) つまり、ハイデガーは存在論という超歴史的な立場をとったのに対して、フーコーの主体は歴史の一時代に構成される主体、系譜学のなかで描かれた歴史的主体なのである。ただ、この「外」は権力のテクノロジーによって構成された主体と、そこからはみだす抵抗する主体を描くことにより、「内」につながっていた。「主体と客体」や「内と外」という形而上学的構図を批判し、「主体」と「客体」あるいは「内」と「外」は同じ広がりをもつとした一元論は、近代主義、形而上学、技術主義、人間主義などを批判するのには都合がよかった。しかし、こうした一元論では、外からやってくる超越性がないかぎりで、「絶対的に正しい」という立場も消えてしまう。司牧権力を旨とするさまざまな権力のテクノロジー（「国家理性」、「ポリス」、「安全保障装置」）も、人々を納得させる合理性をもっていた。しかし、「絶対的に正しい」を保証する理性がつぶれてしまった以上、こうした合理性は、

「合理性の型」という形式性でしかなく、戦略上の手段としてしか描かれない。しかし、「絶対的に正しい」立場がないのなら、人はなにをもって権力に抵抗するのか。この問題に答えるべく、フーコーはハイデガーのように「主体」の外の超越性に依存することなく、「主体」の奥深いところにある自己に折れまがって行く。それは、「自己と自己との関係」であり、かれはその起源を、古代ギリシアや古代ローマに求めた。形而上学とは異なった「倫理」の関係、そしてフーコーの死へと物語りは続く……。

(1) M. Foucault, Omnes et Singulatim, 1979, *Dits et écrits*（以下 *Dé* と略記）*IV*, Gallimard, 1994, p.136.（田村俶訳「全体的かつ個別的に」『現代思想』青土社、一九八七年三月号、五八頁）
(2) Ibid., p.137.（邦訳、五八頁）
(3) Ibid., p.137.（邦訳、五八頁）
(4) Ibid., p.137.（邦訳、五八－五九頁）
(5) Ibid., p.138.（邦訳、五九頁）
(6) Ibid., p.139.（邦訳、六〇頁）
(7) Ibid., p.144.（邦訳、六三－六四頁）
(8) Ibid., p.145.（邦訳、六五頁）
(9) Ibid., p.147.（邦訳、六六頁）
(10) Ibid., p.147.（邦訳、六六頁）

(11) M. Foucault, La《Gouvernementalité》, 1978, *Dé III*, Gallimard, 1994, p.648.（廣瀬浩司ほか訳『ミシェル・フーコー思考集成VII』筑摩書房、二〇〇〇年、二六二頁）

(12) Ibid., p.638.（邦訳、二五〇頁）

(13) Ibid., p.639.（邦訳、二五〇頁）

(14) Ibid., p.640.（邦訳、二五二頁）

(15) M. Foucault, Sécurité, territoire et population, 1978, *Dé III*, p.720.（『ミシェル・フーコー思考集成VII』三六六頁）

(16) M. Foucault, La《Gouvernementalité》, *DéIII*, p.641.（邦訳、二五三頁）

(17) Ibid., p.641.（邦訳、二五四頁）

(18) Ibid., p.641.（邦訳、二五四頁）

(19) Ibid., p.641.（邦訳、二五四頁）

(20) Ibid., p.642.（邦訳、二五六頁）

(21) M. Foucault, Le Sujet et le Pouvoir, 1982, *Dé IV*, p.223.（「主体と権力」『ミシェル・フーコー――構造主義と解釈学を超えて』山形頼洋ほか訳、筑摩書房、一九九六年、二八八頁）

(22) M. Foucault, *Histoire de La Sexualité 1. La Volonté de Savoir*, Gallimard, 1976, p.112.（渡辺守章訳『知への意志』新潮社、一九八六年、一一一頁）

(23) M. Foucault, La《Gouvernementalité》, *Dé III*, p.643.（邦訳、二五七頁）

(24) Ibid., p.644.（邦訳、二五七頁）

(25) Ibid., p.645.（邦訳、二五八頁）

(26) Ibid., p.646.（邦訳、二五九頁）
(27) Ibid., p.646.（邦訳、二六〇頁）
(28) Ibid., p.648.（邦訳、二六二－二六三頁）
(29)「このような統治技術（国家理性）の意図は、まさに、ある君主が自分の領土のうえに行使しえる権力ではない。この統治技術の目的は国家自体なのである。」（M. Foucault, Omnes et Singulatim, *Dé IV*, p.152, 邦訳、七〇頁）
(30) M. Foucault, La《Gouvernementalité》, *Dé III*, p.650.（邦訳、二六四頁）
(31) Ibid., p.651.（邦訳、二六五頁）
(32) M. Foucault, Sécurité, territoire et population, *Dé III*, p.721.（邦訳、二六七頁）
(33) Ibid., p.721.（邦訳、二六七頁）
(34) M. Foucault, Omnes et Singulatim, *Dé IV*, p.156.（邦訳、七二頁）
(35) Ibid., p.157.（邦訳、七四頁）
(36) Ibid., p.159.（邦訳、七五頁）
(37) M. Foucault, La《Gouvernementalité》, *Dé III*, p.652.（邦訳、二六六頁）
(38) H. L. Dreyfus and P. Rabinow, *Michel Foucault : Beyond Structuralism and Hermeneutics*, pp.139–140.（邦訳、二〇一頁）
(39) M. Foucault, Naissance de la Biopolitique, 1979, *Dé III*, p.819.
(40) Ibid., p.822.
(41) Ibid., p.821.

(42) Ibid., p.821.

(43) Ibid., p.819.

(44) M. Foucault, La《Gouvernementalité》, *Dé III*, p.635.（邦訳、二六四頁）

(45) Ibid., p.657.（邦訳、二七一頁）

(46) M. Foucault, La Sécurité et l'Etat, 1977, *Dé III*, p.385.（久保田淳ほか訳『ミシェル・フーコー思考集成VI』筑摩書房、二〇〇〇年、五三六頁）

(47) Ibid., p.386.（邦訳、五三八頁）

(48) Ibid., p.385.（邦訳、五三六頁）

(49) Ibid., p.385.（邦訳、五三六－五三七頁）

(50) Ibid., p.385.（邦訳、五三七頁）

(51) M. Foucault, Le Sujet et le Pouvoir, *Dé IV*, p.229.（邦訳、二九三頁）

(52) Ibid., p.229.（邦訳、二九三頁）

(53) Ibid., pp.222-223.（邦訳、二八七頁）

(54) Ibid., p.224.（邦訳、二八九頁）

(55) Ibid., p.242.（邦訳、三〇六頁）

(56) M. Foucault, La vie des hommes infâmes, *Les Cahiers du Chemin 29*, Gallimard, 1977.（田中貫一訳「汚名に塗れた人びとの生活」『現代思想』青土社、一九八七年三月号）

(57) M. Foucault et A. Farge, *La Désordre des Familles*, Gallimard, 1982.

(58) G. Deleuze, *Foucault*, Éditions de Minuit, 1986, p.103.（宇野邦一訳『フーコー』河出書房新社、一九

八七年、一四九頁）

（59）Ibid., p.116.（邦訳、一七一頁）

（60）Ibid., p.117.（邦訳、一七三頁）

（61）Ibid., p.118.（邦訳、一七四頁）

（62）M. Foucault, op.cit., p.221.（邦訳、三〇一頁）

（63）G. Deleuze, op.cit., p.124.（邦訳、一八四頁）

（64）「わたしの哲学的生成の一切は、ハイデガーを読むことによって決定されました。しかし、わたしはニーチェが優勢だったことをみとめます。」（M. Foucault, Le retour de la morale, *Les Nouvelles Littéraires*, 28 juin, 1984）

第五章　啓蒙と自由

カントは一七八四年に、ドイツの定期刊行誌『ベルリン月報』に「啓蒙とは何か（Was ist Aufklärung ?）」という問いかけに対する答えとして同名の論文を掲載した。この歴史に埋もれたかのような、なにげない小論文のなかに、フーコーはそれまでになかった新たな哲学的問いかけをみいだそうとした。一般的に啓蒙とは、理性や進歩という用語によって語られてきた。しかし、ニーチェを通過したフーコーにとって、啓蒙はこうした用語とは無縁である。そして、フーコーは啓蒙の根拠を「今とはなにか」という問いかけに絞り込む。

こうしたフーコーの啓蒙論に反論したのは、啓蒙の復権を目指すハーバーマスであった。二人はお互いに敬意を払いながらも、理性に対する見解の相違から嚙み合うところはなかった。しかし、フーコーが啓蒙に着目したおかげで、現代の二大巨匠の相違点も明確になってきた。

もともとフーコーは、考古学や系譜学で知のあり方や権力の態様を研究してきた。しかし、晩年突如として倫理の問題を取り扱いはじめた。啓蒙は考古学や系譜学と倫理の問題との接点にあたる。またフーコーの啓蒙を読みこむことで、かれが倫理の問題をどのように考えていたのかも垣間見えてくる。とにかく、こうしたことを念頭において、論をすすめよう。

一 啓蒙の解読格子

もともと「啓蒙」という言葉は、各人が「理性の光」に照らして、さまざまな現象を合理的かつ自律的に考察しようとする態度であったはずである。そこでは、理性という超越的中心があり、そこに一切が収斂するよう、予定調和的に体系化されているという全体化と中心化の作用が働いている。そして、こうした考え方では、歴史は理性によって想定された起源から目的（ユートピア）にいたる進歩の過程であり、理性によって描かれた物語りであった。ニーチェは「歴史は、一つの解釈にしかすぎない」と発言したが、フーコーは当然、ニーチェの側につく。かれらにとって、形而上学的な歴史は、理性が手前勝手に創作した物語りにしかすぎない。この物語りは、「専制」と「迷信」から「自由」と「平等」のユートピアへ至る道筋であり、非合理性から合理性への移行を意味しているが、それは一つの立場からの解釈にすぎないということであった。少なくとも、啓蒙はこうした理性による進歩という文脈を背景に、人々に合理的かつ自律的立場に立つように働きかける態度のことであり、フーコーの系譜学にはそぐわないはずである。(1) しかし、フーコーは、「啓蒙」をまったく違った文脈で読みとり、すくいあげようとした。

フーコーは、「啓蒙」を支える哲学的エートスに対して次のような解読格子をつくる。かれは「啓蒙の《恐喝》とでもわたしは呼びたいものを、まず拒否せねばならない(2)」とする。「啓蒙」は時として、それに反対か賛成かの、非常に単純かつ権威的な二者択一の問いかけをする。つまり「あなたは啓蒙を受けいれ、合理論の伝統のなかに留まるのか(このことはある人々からはポジティブなものとみなされるが、他の人々にとっては非難とみなされる)、啓蒙を批判し、その合理性の原理から脱出をはかるのか(それは、またよいことや悪いことのようにみなされうる)である(3)」と記述した。

そもそもフーコーにとって、コギトの中心を占める理性は、「主体－客体」の一致による超越的真理によって支えられてきた。こうした真理は「絶対に正しい」立場であるのに対して、真理から逸脱した立場は「絶対に間違った」立場であり、徹底的に排除された。この文脈は「真理－誤謬」、「正義－悪」、「美－醜」、「合理性－非合理性」などの二項対立を生みだした。どうしても、超越的真理をかかげると、その真理に賛同するか、そこから逸脱するかという二者択一の選択にならざるをえず、それはAか非Aかというきわめて単純な構図しか描けない。超越的真理を排除したフーコーにとって、二者択一の選択はまさに「啓蒙の《恐喝》」でしかなく、理性とは別の場所で「啓蒙」を組み立てることを試みた。そして新しい「啓蒙」の分析は「われわれ自身を自律的主体として構成するために不可欠のものでないもの、もしくはもはや不可欠でないもののほうへ向かうことになる(4)」とした。要するに、理性に基づいた理想的人間である「自律的主体」にフーコーは徹底して無関心である。フーコーにとって主体は理性から逸脱した狂気、犯罪、性現象などのなかで、またさまざまな権力関係の線分や統治技術のなかで構成されてきたものである。したがって、フーコーの啓蒙は「自律的主体」に纏まっていく主体ではなく、多様な周辺へと分散していく主体のことなのである。

次に、フーコーは「われわれ自身の変わらぬ批判は、人間主義と啓蒙のいつものあまりにも安易すぎる混同を避けなければならない(5)」と述べる。フーコーにとって、人間主義とは「常に価値判断に結びつけられてきた(6)」ものであり、正当化の役割をはたしてきたものである。そもそも人間は理性のなかで、価値づけを行ない、さまざまな事象を正当と判断してきた。そして、その価値の根底に理想的な目的としての「人間」を置き、その「人間」に依ってたてば、すべては正当化されるという寸法である。それはキリスト教的な人間主義や科学を賞賛する人間主義、逆に科学に反対する人間主義、マルクス主義も人間主義であれば、ナチスの人間主義も然りであり、自由主義からファシズムまでが「人間」を根拠に正当化された。要するに、ある時代の価値観のなかで生きていると、「人間」を根拠にした価値は普遍妥当なもののようにみえるが、ひとたびこの価値の外に出ると、「人間」は色褪せてしまう。つまり、ナチスは人間主義によってユダヤ人を虐殺したが、ナチスの「人間主義」のなかにいると、それは正当なようにみえた。フーコーは「啓蒙と人間主義とを同一のものとしてみるよりも、緊張状態のなかにみいだしたい(7)」と述べ、啓蒙を人間主義から解き放った。

では、啓蒙を支える哲学的エートスは、どのようなものであればよいのか。フーコーはそれを次のように規定する。

こうした哲学的エートスは一つの《限界的態度》として位置づけられうる。私たちは拒絶という意思表示について語っているのではない。私たちは、内と外という二者択一を越えて、境界に立たねばならない。まさに批判とは、境界について分析し、考察することなのだ(8)。

ここで、フーコーが言いたいことは、デカルトは精神という「内」(主体)とモノという「外」(客体)を構成して以来、西欧近代哲学は「内」に真理があるか、「外」に真理があるか、という二者択一の問いかけを行なってきた。それは、真理に合致する現象を受けいれ、真理ではない現象を拒絶する文脈をもっていた。フーコーがニーチェにみたのは《限界的態度》である。それは、「主体－客体」という二元論の構図をつぶし、「内」と「外」の仕切りを取り払った。ニーチェにとって、一切は主体の解釈であるのならば、客体は主体のなかで創られた経験や判断でしかない。これまでの形而上学では、こうした主体の中心にイデアや真理を置き、客体と一致できると考えていた。イデアや真理に支えられた認識は、すべてがイデアや真理という中心に収斂するよう染めあげられており、そのかぎりで、きわめて単純な論理となる。ニーチェの系譜学は、主体のなかに設定した超越的中心に一切を纏めあげていく全体化・中心化の運動に反対し、逆に主体をその臨界のギリギリのところまで開いていき、差異、多様性、断絶、偶然性などで描かれる多様で複雑な世界をそのまま引き受ける態度であった。もともと人の観念には、その時代の意味や価値が織り込まれているはずであり、一つの絶対的価値で全体を測定し、纏めあげたいとする、まことに自然な全体化と中心化の欲求がある。大事なことは、その意味や価値の外に出て、その意味や価値が存在する諸条件を、そしてその意味や価値がどのように主体（わたし）の構成に加担しているのかを、明確にすることなのである。このことは、主体の限界にまでいく《歴史的‐批判的態度》を要請しており、フーコーは啓蒙にこうしたニーチェ的な要素をみてとったのである。

そして、フーコーはこうした《歴史的‐批判的態度》は「全体的で根源的であると主張する一切のプロジェクトを避けなければならない[9]」と記述する。この《限界的態度》は別の新しい文化や世界観ですべてを纏めあげるのではなく、自己の限界を自覚することによって、分散や非連続をそのまま放置する「慎しみ深い経験主義」とでも呼ぶべき態度を要請する。かといって、この態度によって支えられた「作業は無秩序かつ偶発性のなかでのみ行なわれることを意味しない」のであり、「固有の一般性と、固有の体系性、固有の同質性、固有の獲得目標をもつ[10]」とフーコーは主張する。

ところでフーコーは、カントのテクストについて、次のように述べている。

カントには、歴史に起源の問題を提示しているいくつかのテクストがみいだされる。つまり、歴史自体のはじまりについてのテクストであり、民族概念を定義したテクストである。また、別のテクストでは、歴史にその完成形態の問いかけを行なっている。……結局、また別のテクストは、目的論的な原理を使うことが確立されたテクストのように、歴史過程を組織している内的合目的性について問いかけている。(11)

ここでフーコーが語っているカントは、完全に形而上学者としてのカントである。だがフーコーは、カントの一七八四年の「啓蒙とは何か」というテクストは、こうした目的論的歴史観に貫かれたテクストとは違った文脈で語られているとする。このテクストでは、歴史の起源を問うこともなければ、その完成形態を問うてもいない。たしかに、目的論的な問いかけも行なわれてはいるが、「比較的控えめな、ほとんど側面的なやり方で提示されている」程度のものなのである。では、フーコーがカントのなかにみた啓蒙とは何であったのか。それは「現在を問うこと、現在性を問うこと、今何が起こっているのかを問うことなのである」(12)。そして、フーコーはこの問いかけのなかに、十九世紀から二十世紀にかけてのヨーロッパの近代哲学のある種の出発点があったと考えていた(13)。

さて、カントのこの著作をもう少し検討してみよう。カントは啓蒙を「未成年」の状態から「脱出」すること、つまり成熟だと考えた。そして、かれはおもしろい例をだす。それは、ある税金制度のなかで生きている人がその税制に不満をもった場合、税金は払っておいて、その後、税制について大いに議論をする、そうした態度にカントは成熟をみたのである。つまり、人はさまざまな社会制度のなかで生きているのであり、「機械の一つの部品」なのである。ここでカントは、「部品」としての義務をはたすことによってのみ、自由な理性の使用があると考えていた。フーコーは、こうしたカントの折衷的、妥協的な提案に同意しているわけではない[14]。つまり、理性の私的な使用が制限され、そこで「服従する」こととパラレルに、社会制度や社会システムの問題を自由に論じる理性の公的な使用の自由があるとしても、「このような理性の公的な使用は、どのように保障されるのか[15]」という問題に突き当たると、フーコーは考える。ここで、啓蒙は一種の政治システムを問う問題となるが、カントはフリードリッヒⅡ世に対して、理性的な専制と自由な理性との契約といったものを提案する。フーコーはこうしたカントの提案には無関心である。フーコーにとって大事だったのは、「もの解かりの良い」成熟した大人ではなく、啓蒙が「この時」の政治システムという現実の問題として俎上にのせられるということ、つまり現実（「この時」）が位置づけられる歴史の問題として提起されているということである。

フーコーは「わたしが提案したい仮説は、カントのこの小さなテクストが、ある意味で批判的省察と歴史についての省察との十字路に位置している、ということです[16]」と述べている。すなわち、自由な理性は必ず政治システムなどの現実的諸条件の問題とセットで語られなければならず、啓蒙はこうした理性の考察という内省と、その存在の歴史的・現実的諸条件との交点にある、ということだ。つまり、「この時」という歴史的状況と理性の「批判」がここで結びつくのである。要するに、「批判の役割とは人々が何を知りうるのか、何を為すべきか、また何を望みうるのかを決定するために、理性の使用が正当になる諸条件を定義する役割である[17]」とフーコーが論じたとき、批判的理性をその存在の現実的諸条件に絡めて語らなければならないことを示唆していたのである。

また、フーコーはカントのフランス革命についての記述を紹介している。つまり、フランス革命に進歩の徴表をみてとることもないし、革命が成功しようが失敗しようが関係ない、社会構造の大変動として位置づける必要もない。「意義があるのは、革命がスペクタクルを演じるその仕方であり、革命に参加している人々ではなく、革命をながめ、それに立ち会い、良しにつけ悪しきにつけ、革命に巻き込まれた人々によって、そこかしこで革命が受け入れられる仕方である[18]」ということである。そして、カントは革命が受け入れられるのは、人々が革命に対して「熱狂へと至る熱望へのシンパシー」をもっており、それは「人民にふさわしい憲法（政体）を自らが選ぶというすべての人民の権利」に対する、また、「攻撃的戦争を回避するような憲法（政体）の権利やモラルに合致した原理」に対するシンパシーであり、「革命に対する情熱が表明されるのは、このような憲法（政体）へと人間を向かわせる心の在り方なのである[19]」とした。要するに、ここでは理性の自由な使用、あるいは内省的考察によってえられた共和制の憲法（政体）の理念に対して、人々が、現実の状況のなかでそれを支える情熱の在り方が歴史存在論的に示されている。フーコーは「現実にわたしたちが直面している哲学的選択は、一般的に真理の分析哲学としてある批判哲学を選ぶのか、わたしたち自身についての存在論的形態を捕らえようとする批判的思考を選ぶのかである[20]」と述べた。つまり、カントの哲学は精神のなかの思弁的哲学が中心であり、その思想を現実のなかで存在論に位置づける営みは希薄であった。またカントの主体は歴史のなかの「あなた」や「わたし」ではなく、一般的で抽象的な思弁的主体であった。しかし、カントが「啓蒙とは何か」でうちだした態度は、思想や主体を歴史的現実のなかで位置づけたオントロジー（存在論）であった。ドレイファスとラビノウに言わせるならば、「啓蒙とは何か」において「カントは自己の思想が自分の抱える歴史的状況から生じ、またその状況に答える試みであることに最初に気づいた哲学者であった[21]」ということである。カント以降、こうした哲学的態度は、間主観性の哲学として、また、歴史的存在論の哲学として「ヘーゲルからニーチェやウェーバーを経て、フランクフルト学派にいたる[22]」のである。

二　カントについて

デカルトは真理を「主体と客体の一致」という観点から位置づけてきた。ここでは主体と客体という二元論の構造が真理を支えている。しかし、カントは人間の認識は限界あるものであると考えた。ヒュームは人間は経験によってしか、その外にある自然という実体を認識することができず、その認識は蓋然性にとどまり真理にいたることはないとしたが、カントの認識は、こうしたヒュームの懐疑論と同じ根をもつ。つまり、カントにとっても主体は経験に閉ざされており、認識は主観の外にある「物自体」に達することはない。しかし、人の意識には、先験的に対象を形式化し、秩序づけ、規則を与え、判断し、最終的にそれを構想力によって総合する働きが共通してある、とカントは考えた。そして外の「モノ」が現象するとは、意識の側から先験的にある秩序によって、心の中につくっているものなのである。たしかに、意識のもつ規則が人間にとって共通のものであるならば、わたしたちは「1＋1＝2」であるような数学的「普遍性」には同意できるが、認識は「物自体」に届いていない以上、それは絶対的真理ではない。少なくとも、カントはここで懐疑論に基礎づけられている。フーコーは次のように、カントの理論を紹介している。

経験的綜合は、「われ思う」の至上性のなか以外において保証されなければならなかった。経験的綜合が必要とせねばならないのは、まさにこの至上性みずからが限界を見いだすところ、いいかえれば人間の有限性のなか――生き話し労働する個体のそれと同様に意識のそれでもある、有限性のなかにおいてなのである。すでにこのことは、カントが『論理学』のなかで、伝統的三部作に究極的問いを付け加えたとき、定式化したものだった。(23)

もはや精神の限界を告知したカントにとって、この「経験的綜合」という諸現象を統合する人間の能力を、コギトの明晰・判明な認識能力（bon sense）に根拠づけることはできない。人間が認識できるのは、「物自体」（本質）ではなく、心の中で構成される現象であり、そのかぎりで、人間は有限な存在である。ただカントは、人間の心には先験的に自然を秩序づける能力があり、これが現象を規則づけ、客観的認識をあたえていると考えた。フーコーはカントの人間を「先験的＝経験的二重体(24)」と位置づけた。それは経験的なものを先験的な認識の規則のなかで秩序づけ、普遍的知識とする存在であるということだ。だが、話はそこに留まらない。カントは人間を理想や理念を求める存在だと考えており、道徳律にしたがって、「善」を求める先験性、つまり実践理性をもつ存在だと考えていた。この実践理性は制約のある経験を超えたものである以上、それは無制約な物自体や神や超越的存在にその根拠をもとめざるをえない。ここで、人間は超越的な真理を検証はできないが、人間はそれを目指す存在であることが謳われる。フーコーはこうした文脈のなかに、人間主義の始まりをみるのである。とにかく一方で、理性の限界が刻印され、他方で有限であるがゆえに限界を乗り超え、超越的なものを目指そうとする理性の働きをもつ「人間」が創りだされたのである。カントは、こうした人間主義のなかで、「経験的なものと先験的なものを、あらかじめ混ぜ合わせていたのである[25]」。

フーコーは、少なくともカントを人間主義の創始者の一人とみていた。そして、こうした人間主義においては「経験的などのような認識も人間にかかわりさえすれば、そこで認識の基礎と、その諸限界の規定と、あらゆる真実という真実とが明らかにされるはずの、哲学的場としての価値をもつだろう[26]」ということになる。こうした人間主義は、あの啓蒙を支えた哲学的エートスとは対立するはずである。やはり、『言葉と物』の時期におけるフーコーは、カントを形而上学者と考えていたのである。

では、カントの啓蒙とは何であったのか、もう少し議論を進めてみよう。

カントは「啓蒙とは何か」で成熟を定義したことは先程述べた。それは、社会制度に服従することによって、「理性を自由に使用する」ことであった。ここにはカントの自由観がそのまま投影されている。カントは、次のように記述している。

これに反して我々が（自分自身に対して意志の格率を定立するや否や）直接に意識するところのものは道徳的法則である。それだから道徳的法則こそ、最初に我々に現われるところのものである。そして理性はこの道徳的法則を、いかなる感性的条件によっても侵害されない――それどころかかかる条件にまったくかかわりのない〔意志の〕規定根拠として提示するので、この法則はそのまま自由の概念につながるのである。[27]

つまり、自然と対応している現象の世界は、時間や空間、またわたしたちの悟性がもつ規則に制約されている。道徳的法則は、こうした制約のある現象の外に根拠をもち、まったく先験的なものとしてわたしたちに具わっているものである。そして、カントはこの道徳的法則こそが自由の根拠になっている、と言いたいのである。かれは道徳的法則こそが自由の条件である、いな、道徳的法則を厳格にまもってこそ、自由（批判する自由）があると考えていた。

この文脈は、まことに「成熟」についての文脈にあてはまる。道徳的法則を社会制度に置き換えればそのまま通じてしまうのだ。しいて違いをあげるとすれば、道徳的法則は抽象的概念であるのに対して、社会制度は現実の生々しい問題であるということだ。ところで、もし道徳的法則を自由の根拠にしたとき、どの行為が善であるのかを決定する基準をわたしたちはもたないので、自由は根拠のないものとなってしまう。どうしてもここでは、道徳的法則の根拠に真理（あるいは神）という超越的な本質が必要となる。そのかぎりで、カントの自由観は形而上学に留まっているのである。ましてや、圧政が行なわれる可能性のある社会制度にかんしては、何をはいわんやである。ただ、カントの啓蒙についての問いかけは事情が違うのである。

フーコーは、カントの啓蒙への問いかけは、「現代性」を問うものであったことを指摘している。かれは「現代性を歴史のある時代というよりも、一つの態度として想定できないだろうか[28]」と考えた。そして、その態度とは「現代という現実にかかわる様式を意味する」ということである。フーコーにとって、現代性という態度は「人はどのように現在にかかわるのか、人はどのような歴史的な存在様式をもつのか、人はどのように自律的主体として自分自身を構成するのかというような三つの問題を同時に問題化するようなタイプの哲学的問いかけ[29]」なのである。言い換えるならば、人は「知の軸、権力の軸、倫理の軸」をとおして、いかに主体として構成されたのかを問うことなのである。

フーコーに関していうならば、かれは考古学で、知や言説のなかでの主体のあり方を発掘したし、系譜学によって、「規律権力」や「司牧権力」という権力のテクノロジーに貫かれているさまざまな権力の仕掛けのなかで、どのように主体が構成されるかも浮かび上がらせてきた。したがって、たしかにフーコーは、おおむね人の現在へのかかわりや、その歴史的な存在様式を明らかにしてきた。しかし、話は簡単ではない。フーコーは、その後「袋小路」に入る。すなわち、一方で権力のテクノロジーによって貫かれた構造から規定された主体は、時計仕掛けのように寸分違わず動き、そこから抵抗する主体はでてこないということである。また他方で、真理や、それに支えられた価値を排除したとき、人は抵抗の根拠をも無くしてしまう、ということである。言えることは、フーコーは前者の問題に関しては、系譜学のなかで、微細化と分散化と周辺化を試みた。問題は後者である。人は、価値があるからこそ生き生きし、情熱を燃やし、生きがいをもつ存在である。しかし、ポスト・モダンといわないまでも、理性に対して懐疑的態度をとり、価値を排除する思想は、カント以来多くあった。問題は真理によって支えられた価値とは違った別の価値をみつけることなのである。そして、フーコーにとって、その新しい価値は、自己に配慮し、自己を創りあげる倫理の軸にその足場を求めるのである。

フーコーは、こうした倫理の軸に、ボードレールのダンディズムをもってくる。フーコーは次のように説明する。

ボードレールにとって、現代的（モダン）な人間とは、自己自身を、自らの秘密やかくされた真実を発見するようになる人間のことではない。現代的人間とは自己自身を創りだそうと試みる人間のことなのである。こうした現代性は「自分に固有の存在へと」人間を解放するのではなく、自己を創りあげるという作業に人間を直面させるのである。(30)

現代性という態度は、人間に先験的に具わっている理性や真実や、それらが完全に体現された解放にも無関心である。ボードレールのダンディズムは自分の一切を一個の芸術作品に仕立てあげる禁欲主義のことであった。要は、現代性とは自己自身に配慮し、磨き、創りあげることなのであり、そこには、禁欲、節制、自己統御を旨とする倫理的主体が構想されている。そして、フーコーは真理に依ってたつのではなく、自己自身に依ってたつこと、それが新しい価値の基礎となると考えた。

ところで、フーコーはこうした「自己を創りあげること」のなかに自由をみいだすのである。かれは、古代のギリシア人の自己統御の技法に注目し、次のように紹介する。すなわち、フーコーは「自己を創りあげること」が、欲望を自己統御することによって達成されるとしたが、「統御の訓練によって、また快楽の実践における慎ましさによって到達したいとされる状態たる節制は、一つの自由状態として特徴づけられる[31]」と論じている。かれは「快楽に対して自由であるとは、快楽に仕えないことであり、快楽の奴隷でないことである[32]」として、赤裸々に欲望のまま生きることが自由なのではなく、欲望を制御し、制御することによってそれと付き合うことが自由なのである、とした。本来快楽は禁止や制御があってこそ、快楽なのである[33]。そしてフーコーは、「自由とは人が他の人々に行使する支配力の枠のなかで自分自身に行使する支配力なのである[34]」と規定する。ともあれ、フーコーは「自由とは何か」という自由の本質を問うことを、自らに禁じている。これはあくまでも古代のギリシア人の自由や節制についての考え方であり、原理である。ただ、フーコーは消極的な形ではあるが、こうしたギリシア人の節制に基づく自由という考え方のなかに、新しい価値をみいだし、「袋小路」から脱する契機にしようとしたことは確かである。ただ、フーコーはこうした新しい価値は、なにか超越的なものに収斂するとは考えていなかった[35]。《限界的態度》とは、一つの中心に纏めあげるものではなく、分散する多様性に耐える態度であり、価値はその都度主体に対して設定されるような価値となるのである。

節制を厳格に守ることによって支えられる自由、それはカントの道徳的法則を厳格に守ることによって支えられる自由と類似しているようにみえる。だが、決定的に違うのは、カントの自由は普遍的理性によって支えられており、そのかぎりで形而上学に留まっているのに対して、フーコーの自由は「自分自身に行使する支配力」という自己自身のみを根拠にするものであり、なんら普遍性をもつものではない。また、節制という用語は、欲望を拒否し、否定し、禁止するものではなく、欲望を統御し、統御することによって欲望を受け入れる技法なのである、ということは留意しておかねばならない。

ただ、「啓蒙とは何か」におけるカントの自由観は、以前のそれと、いささか趣きを異にしている。フーコーが、「啓蒙とは何か」におけるカントの啓蒙を、「人類がいかなる権威にも服従せずに、自分自身の理性を使用しようとする瞬間[36]」と解説したとき、それはカントの自由について語っていたのだ。つまり、ここでのカントの自由は、いかなる権威にも服従しない理性の自由な使用と考えられており、道徳的法則によって支えられた自由は薄まっている。要は、いかなる権威にも服従しないということで、自由は自己自身にしか依ってたつところがないように読み込める。

整理してみよう。啓蒙とは「現代性を問うこと」であった。この現代性とは、起源から目的（歴史の完成）へと向かっていく時系列や、物理的な（時計どおりの）時系列のうえに印された「いま」ではない。それは、「いま」を生きているわたしたちの解釈上の「いま」なのである。そして、啓蒙は

「いま」を生きているわたしたちに、いかなる権威にも服従しないことを要請する。この権威とは、世俗的な権威は勿論のこと、フーコーは近代の形而上学を支えている「理性－真理」という権威をも含める。そうすると、「啓蒙の《恐喝》」や人間主義とは別のところで「現代性を問う」ことになる。そして、「理性－真理」という超越的中心に整序されていた全体は周辺や部分に分散することになる。「理性－真理」を排除したわたしたちは、断片化、部分化、周辺化され、差異に貫かれた「いま」を引き受ける《限界的態度》が要請される。《限界的態度》とは客体を取り去られた主体の境界にまでいく態度のことである。こうした態度は「理性－真理」という超越的立場を取り払った以上、自己自身の力や強度に拠るしかないのであり、歴史を「理性－真理」によって解釈するのではなく、力や強度によって別の解釈をすることが大切になる。フーコーは、「理性－真理」によって支えられた価値を喪失した以上、「自己を作りあげる」という技法に支えられた自由を考案し、それを新しい価値として位置づけた。

したがって、フーコーにとって啓蒙とは、知や権力の仕掛けのなかで人はどのように主体として構成されたか（「何を知りうるのか」という知の軸）、さまざまな権力関係が錯綜するなかで、人はどのように社会と関わればよいのか（「何をなすべきか」という権力の軸）、あらたな自己を根拠にした価値基準により人はどのように生きればよいのか（「何を望みうるのか」という倫理の軸）を同時に問いかける試みであったのである。ただ、こうした啓蒙の問題は、とくに倫理の軸との関連で、理性や合理性の問題をクローズアップさせることになる。

三　ハーバーマスの批判

啓蒙を理性を背景にした進歩のプロセスとし、近代を「未完のプロジェクト」と考えたのはハーバーマスであった。当然、ハーバーマスはフーコーを批判する立場にたつ。おおむね、ハーバーマスにとってフーコーは、「理性を批判しようとする企てが、自己にはねかえってその批判の前提そのものを危うくする」(37)という自己言及的アポリアに陥っているポスト・モダンの思想家であった。すなわち、フーコーとて、その理論に「客観性」を求めているはずであるが、かれの理性批判は、理性に基づく客観性を排除するが故に、それをすればするほど、フーコーは自ら理論の「客観性」を危うくしている、というアポリアである。

ところが、フーコーはハーバーマスに関して「わたしはハーバーマスの行なってきたことに興味をおぼえています。また、かれ（ハーバーマス）がわたしに同意していないことは知っています」(38)と語り、趣きを異にしている。また、フーコーはハーバーマスに対して、一九八四年にはシンポジウムを呼びかけさえしているのである。それに対してハーバーマスは「多分、わたしは彼のことをあまりよく理解していなかったようだ」(39)と少々とまどいながらも答え、フーコーの仕事に強い印象を受けたことを吐露している。二人の間にあるこの親近感は何なのであろうか。ともあれ、やはり二人の間には、大きな齟齬《そご》があるのも事実だ。まずはハーバーマスのフーコーの啓蒙についての見解を追ってみよう。

ハーバーマスによると、フーコーの啓蒙論におけるカントは、あの『言葉と物』における「その限界についての分析が人間学的思考と人間科学の時代の門戸をこじ開けた認識論者としてのカント」ではなく、「もう一人のカントである」とする。つまり、それは「真理や永遠という概念から哲学を引き離し、代わりに、これまで哲学が意味のない、存在もしないもの、単に偶然的でその場かぎりのものとみなしてきたものを、集中して考察することによって、本心から形而上学的遺産と手をきった最初の人物としてのカント」なのであった[40]。

ただハーバーマスからみれば、カントのフランス革命についての見解も、人々の共和制の憲法（政体）を自らが選ぶという道徳的傾向をかれらの情熱と結びつけることによって、「人間の本性のなかに、道徳的によくなっていく方へ向かう傾向を示している《われわれの時代の出来事》を捜し求めている[41]」のである。要するに、カントが重点を置きたかったのは、実践理性の要請による「道徳的傾向」であり、人々が自然法を実現しようと熱狂した事態の道徳的意味内容であった、とハーバーマスは考えている。ところがフーコーは、こうした道徳的意味内容に無関心であり、あくまでもこうした意味内容が人々の情熱のなかで、あるいは現実の出来事のなかで、どのように存在したのかということに興味があるのである。ともあれハーバーマスは、こうしたフーコーの見解を一応受け止め、そこでは「哲学的省察は、その当時の歴史的現在性によって刺激をうけた思考にうまく融けこみ」、その結果「永遠の真理を問うよう訓練をうけた哲学的見解は、その時々の瞬間の微細な断片のなかに消えてしまう」と述べる[42]。そして、「現代とは何か」を問い、現代に対する自己自身の関わりを自覚し引き受ける現代性の問題は、さまざまな歴史的状況のなかで生きている「血のかよった人間」としての自己をテーマ化せざるをえないとした。また彼は、この現代性を問う人々が関わる「現代とは、それ自体からその自己意識と規範を作りださねばならないよう運命づけられていると、自覚している時代なのである」[43]とフーコーの啓蒙を位置づけている。

ハーバーマスは、ここから批判に転じ、フーコーの理論的営みのなかに弱点をみいだす。それは「常にわれわれ自身の現在性に向けられた、また《今という時間とここという空間》にきざみこまれた近代の哲学的思索を、このように不思議にも肯定する理解と、フーコーの頑固な近代批判がどのようにかみあうのか」[44]という問題である。すなわち、「今とは何か」と問いかけるカントから始まった近代（現代）への問題設定は、まさに近代の知の土壌から醸成されたものであり、こうした、問題設定が近代そのものを批判することは、自らの土壌そのものを批判するというトートロジーに陥っているのではないのだろうか、とハーバーマスは考える。また、フーコーはかつて、近代の知が「真理への意志」によって支えられており、そこでは真理は権力関係のなかで作られた捏造物であり、真理ゲームが闘われる場として近代の知があると位置づけている（そして、こうした近代の知の創始者の一人として、真理を背景にした人間主義を主張したカントがいたはずなのである）。フーコーは、近代では兵舎、学校、病院、監獄、工場などの諸装置や、さまざまな権力の仕掛けで、生命、健康、性、身体、人口などを巧妙に管理する規律権力や司牧権力などの権力のテクノロジーが編み上げられてきた、と主張し、こうした近代の権力に支えられた知や権力のテクノロジーによって主体である「今あるわたし」が構成されているとした。したがって、ハーバーマスの主張では、現実と関わっている「今あるわたし」は、現実の権力関係によって支えられた知や、さまざまな情況を批判し、基本的には権力関係によって貫かれた近代（現代）そのものを批判するはずであるが、近代（現代）そのものを批判する側の知や主体も、諸々の権力のテクノロジーによって構成されたものなのである。ここにはハーバーマスのいう近代のアポリアがある。

しかし、ハーバーマスはフーコーの理論が大きな矛盾をかかえていると指摘しながらも、それは「生産的な矛盾」であるとし、「複雑な思考のみが有益な矛盾を生みだすのである」(45)ともちあげている。要するに、同時代の思想的戦友として、ハーバーマスはフーコーに対してエールを送ったのである。だが結局のところ「フーコーは権力への批判と《真理の分析》を対比したが、それは《真理の分析》から借りてこなければならないような規範的基準を権力への批判は失うようになったという形である」(46)という矛盾に最後までからめとられていたと考えており、フーコーを最後まで近代のアポリアから抜けだせなかった思想家として概括している。つまり、フーコー自身は規範的基準を求めているが、それは《真理の分析》からしか引きだしえないものである。しかし、フーコーは権力への批判の立場から、真理が権力によって支えられていると批判しているが、こうした立場は規範的基準を奪うことになる、ということである。したがって、ハーバーマスは自己言及的アポリアに陥っているフーコーの理論からは、規範的基準はでてこない、と考えたのである。

ドレイファスとラビノウは「フーコーは規範的理論を提示しているわけではないにしても、ハーバーマスが指摘しているように、かれの著作には、たしかに規範的信頼が寄せられている」[47]と述べているが、それはおおよそ間違いではない。わたしの考えでは、フーコーのハーバーマスに対する評価は、明らかにハーバーマスの規範的理論への意志に対してのものである。ただ、規範的理論に関しては、二人の見解は大いに異なる。ハーバーマスの理論を、少し検討してみよう。ハーバーマスにとって、倫理的な規範とは理想的な発話状況のもとで、コミュニケーションを通じて編み上げられるのだが、ここには二つの難点がある。一つ目は、コミュニケーションによって得られる規範がなぜ正しいのか、という問題であり、二つ目は理想的発話状況などという純粋な状況は、現実の歴史のなかにあるのだろうか、という問題である。ハーバーマスは「全員が従うことのできる規範は、全員の参加する討議によって決定する」という形式的手続きにより普遍的原則が成立し、こうした普遍的原則にしたがって討議すれば、必ず普遍的規範に到達すると考えた。つまり、規範の内容がその普遍性を保証するのではなく、手続きが規範の妥当性請求を相互に承認し、保証するということである。また、討議において、慣習や伝統という文化の意味がもたらすコミュニケーションの歪みは、普遍的規範を生みだすことを妨げるので、慣習や伝統などを排除するために、理想的発話状況を設定した。しかし、人は常に既に、慣習や伝統を含めての歴史的現実のなかで生きており、そうした歴史的現実を背負ってしか、コミュニケーションに参加できない。また、そういう前提では、正しい手続きを踏まえても、討議に参加する人間が全員歪められていたならば、正しい規範に達するとはかぎらないし、また正しい手続きが正しい結果をもたらすとは限らない。最終的に、ハーバーマスの規範的理論は、理想的発話状況のもとで、人は必ず自由や平等など「正しい方へ行く」というカントの実践理性を彷彿とさせる道徳的なコミュニケーション理性に対する信頼に基づいていた。そしてハーバーマスは、コミュニケーション的理性こそが、権力メディアや貨幣メディアによる生活世界の植民地化を防ぐ普遍的規範を担うはずであると考えていた。ここには、超歴史的立場からコミュニケーション的理性によって、規範の普遍性を保証しようとしたハーバーマスと、歴史的存在論の立場から、規範的理論を模索したフーコーの立場の相違がある。

ともあれ、問題の根っこは、ハーバーマスのコミュニケーション理論が、発語媒介的行為を排除し、コミュニケーションを発語内行為に限定したことにある。少し詳しく述べてみよう。ハーバーマスはオースティンの言語行為論を援用し、言語行為を発語行為と発語内行為と発語媒介的行為に分類した。そして「発語行為では話し手はなにかを表現する」のであり、「発語内行為で話し手は、なにかを語ることにおいてある行為を遂行する」のであり、「発語媒介的行為で話し手は聞き手の側にある効果を達成する(48)」と整理した。たとえば、話し手が会社に辞表を提出すると主張したとき、主張をするという行為自体は発語行為であり、話し手の意図を聞き手が素直に受け入れた場合、それは発語内行為になるし、また、それによって聞き手が驚いた場合には発語媒介的行為となる。そしてハーバーマスは「発語内的成果は、コミュニケーション参加者が世界内の何かについて互いに了解し合う相互人格的関係のレヴェルで達成される」とし、それは「コミュニケーション参加者が属しており彼らの了解過程の背景をなしている生活世界の内部に現れるだけなのである(49)」と主張する。また、「発語媒介的行為は戦略的相互行為の一特殊クラスとして概念的に把握できる」[50]とされる。つまり、話し手が辞表を提出すると主張したとき、聞き手の驚きが話し手の意図を越えていた場合は、発語媒介的行為であるが、意図の範囲内で相互了解されると、それはコミュニケーション的行為になる。ただし意図を越えている場合は、相互了解に結びつかず、偶発性に委ねられる。ハーバーマスは一歩すすめて、こうした発語媒介的行為は、発語内行為を手段とした戦略的行為として機能するとした。すなわち、話し手が辞表を提出すると主張したとき、この主張が受け入れられること（発語内行為）の裏に、じつは同じように責任をとって、辞表を提出しなければならない人間に無言の圧力をかけている場合、それは戦略的行為である。そして、こうした戦略的行為は決して、相互了解に基づくコミュニケーション的行為には至らないのである。

整理すると次のようになる。ハーバーマスのコミュニケーション的行為は、発語内行為に基づいているのに対して、戦略的行為は発語媒介的行為に基づいている。そして、前者は言語を媒介とする生活世界に対応しているのに対して、後者は貨幣や権力という制御メディアによって調整されるシステムに照応している。当然、ハーバーマスの目指す倫理的規範はコミュニケーション的行為によって編み上げられるものであり、ここから発語媒介的行為は排除されている。[51]こうした事態をドレイファスとラビノウは、「言語使用を発話という遂行行為と同一視したあと、語られたことの発語媒介的効果を排し、意味の一致にいたる際にはもっぱら発語内的内容だけが一定の役割をはたすはずだ、と彼が主張しはじめるとき、第二のもっとあいまいで、かつもっと重要な解釈運動が発生する」[52]と分析し、その結果、ハーバーマスの倫理的規範は根拠をもたないものとなる、と主張している。つまり、コミュニケーション的行為に基づく意見の一致は、必ず「共有されている文化的意味」を前提にしているはずである。たとえば、わが国では終身雇用制、年功序列型賃金体系、企業内組合などという「共有されている文化的意味」があり、労使の意見の一致はこうした「文化的意味」を背景にして成立しているということだ。この「文化的意味」こそが、発語媒介的効力や戦略的行為を支えている領域である。そして、こうした発語媒介的行為を排除してしまったならば、意味の一致はその根拠を失ってしまう、ということになる。

じつは、発語媒介的行為を支える領域とは、歴史的・具体的現実のことであり、多様で複雑な諸要素によって構成され、欲望に引き裂かれ、さまざまな権力のテクノロジーによって貫かれた領域のことである。そしてフーコーの知や権力は、いわばこうした領域に組み込まれて存在している。この領域では純粋な発語内行為もなければ、純粋な発語媒介的行為も存在しない。どんな発語内行為も発語媒介的行為を背景にして作動しているのだ。

ともあれ、ハーバーマスからすれば、フーコーの規範的理論は、発語媒介的行為を支える歴史的・具体的現実から規範を抽出しようとするが、こうした現実が歪んだものであるかぎり、歪んだ結論しか得られない、という自己言及的なアポリアに陥っており、根拠のないものになっている。また、フーコーからすれば、ハーバーマスは歴史的・具体的現実を無視し、理想的発話状況のなかで、討議をとおして道徳的規範を得られるとしたが、どんな発話も歴史的・具体的現実のなかで行なわれているのであるから、その規範は歪んだものとなり、根拠をもたなくなる。ここではハーバーマスの規範の根拠とフーコーのそれとの差異が露呈している。つまり、ハーバーマスは生活世界の植民地化に抵抗する普遍的規範の根拠に配置された人間主義的な理性を信頼した。それに対してフーコーは、理性は常に既に権力の網の目にからめとられており、自由を抑圧する権力の危険度を減少させるための規範を人間主義的理性とは別の「自己の自己に対する関係」から根拠づけようとした。要は、かれらの規範の根拠についての相違は、理性をどのように判断したか、にかかっている。

四　啓蒙の概括

おおむねフランクフルト学派は、近代社会が産み落とした技術主義や物象化に基づく道具的理性を批判したが、ハーバーマスの目的合理的な制御メディアによる「生活世界の植民地化」も、こうした道具的理性の文脈の延長にある。ハーバーマスにとって、機能主義的理性や目的合理性およびシステム的合理性を克服すべく設定されたのは、対話的理性やコミュニケーション的理性であった。こうした理性に対する態度は、近代と理性をセットにし、近代の病弊に機能主義的理性を、それを克服していくものにコミュニケーション的理性を当てはめている。たしかに、ことはそれほど単純ではなく、ハーバーマスは行政や経済というサブシステムは生活世界と補完関係にあり、生活世界へ侵犯しないかぎりでシステム的合理性などは有効に機能していると考えていた。だが、大きく捉えるならば、ハーバーマスが理性を「本質－非本質」に分割することによって、理性を救済したことは否めない。そして、ハーバーマスは救済されたコミュニケーション的理性の自己実現として啓蒙を位置づけたのであった。

フーコーは、歴史のなかにある権力のテクノロジーや自己のテクノロジーを分析し、歴史的現象として位置づけてきたが、こうした「歴史的現象は理性の分割を形成するものではない[53]」と述べたことがある。ニーチェ主義者であるフーコーにとって、理性を分割し救済することは意味がない。それは「理性とは何か」という理性の本質を問うことの延長にあるからである。フーコーは、「理性とは何か」という理性の本質を問うことは決してない。それは、本質という超越的中心で理性を推し測り、概念化してしまうことは、理性を単純化・画一化することにほかならない、と考えたからである。所詮、人間の心の中は分からない。恐らくは感性や悟性や理性などの概念で推し測れるほど単純ではないだろう。そうであるならば、理性を単純化・画一化しても意味がない。さらに、理性は人間がつくった捏造物である。こうした理性が歴史のなかで、どのように語られ、用いられ、位置づけられてきたかを明確にしたほうが、よりリアリティーのある理論となる、とフーコーは考えた。したがって、フーコーが「わたしは理性の分割について語りません、ただ、実際には（理性という歴史的現象の）無数の絶え間ない分割を、一種の無数の枝分かれについて語るのは本当です[54]」と述べたとき、それは「本質－非本質」に裏うちされた理性については語れないが、複雑で多様な理性の歴史的存在については語れる、ということを示唆している。

一般的には、啓蒙は「理性－本質」の実現と考えられてきたのだが、「理性－本質」を排除したフーコーにとって、啓蒙とは何なのであろうか。フーコーは啓蒙を「今とはなにか」、つまり現代性を問うことだと位置づける。そして「わたしは現代性を、歴史のある時期というよりも、むしろ一つの《態度》として想定することができないだろうかと考える」と少々奇妙な発言をしている。[55] そして、フーコーはこの《態度》に「自己を創りあげる」というエートスを充当するのである。しかし、「今とはなにか」を問うことが、なぜ倫理的態度を要請するのか、その辺が非常に分かりにくいことになっている。

フーコーは、こうした態度が現在を「英雄化」する意志であり、それはボードレール風のアイロニカルな態度だ、とした。「英雄化」する意志とは、現在とちがった様に想像上であれ、現実上であれ変革する意志のことである。（詩は想像上で、現在をまったく違ったもののように描きうる。）そのためには自己をギリギリの限界にまで開いていく自由を引き受ける態度が必要である。そして、こうした態度は、慣習、常識、既成の制度、手垢のついた理念を自覚し、それと手を切り、自己を強靭な精神で創り上げることを要請する。この態度をもった人は、あたかも人生を「芸術作品」に仕上げているようにみえるのである。

ともあれ、フーコーの「今とはなにか」という問いかけは、やはり「今わたしは、どのように存在しているのか」を問うている。それは歴史的・具体的現実のなかで権力の網の目にからめとられているわたしが、その状態や条件を自覚し、それを克服すべく自己自身を根拠にした規範をつくりあげることであり、フーコーはこうした態度を啓蒙と呼んだのである。したがって、フーコーにとって、歴史的・具体的現実と、自己自身を根拠にするエートスとの交点に啓蒙があるのである。ともあれ、フーコーはカントの啓蒙のなかに、こうしたエートスをみたのである。

（1）たとえば、ノリス（C. Norris）は、「権力と知についてのフーコーの系譜学は、真理、啓蒙、自律しかつ実行する主体を排除しているように思われていた」と語っており、『知への意志』とそれ以後の著作の間には切断があり、それ以後ニーチェ的懐疑論の厳格さが緩んでいったとしている。（C. Norris,"What is Enlightenment ? "Kant according to Foucault, *The Cambridge Companion to FOUCAULT*, ed. by Gary Gutting, Cambridge University Press, 1994, p.159）

（2）M. Foucault, What is Enlightenment ?, *The Foucault Reader*, ed. by P. Rabinow, Pantheon, 1984, p.42.
　このテクストはフーコーが一九八三年秋に行なったアメリカのカリフォルニア大学バークレイ校での講演原稿をもとにして書き、最初は英語版で出版されたものである。また、これとは別にフーコーは、一九八三年のコレージュ・ド・フランスの講義をもとに" Qu'est-ce que les Lumiéres ?"を書いている。タイトルを訳せば同じであるが、内容は違っており、この論考では、これらのテクストを中心に論じたい。

（3）Ibid., p.43.

（4）Ibid., p.43.

（5）Ibid., p.43.

（6）Ibid., p.44.

（7） Ibid., p.44.
（8） Ibid., p.45.
（9） Ibid., p.46.
（10） Ibid., p.47.
（11） M. Foucault, Qu'est-ce que les Lumiéres ?, 1983, *Dits et écrits*（以下 *Dé* と略記）*IV*, Gallimard, 1994, p.647.
（12） Ibid., p.647.
（13） フーコーは「十九世紀と二十世紀の哲学は、かなりの部分カントの〝啓蒙とは何か〟という問いから派生してきました」と語っている。(M. Foucault, Structuralism et Post-structuralism, 1983, *Dé IV*, p.423)
（14） ドレイファスとラビノウに言わせるならば、「カントは、現行の社会装置がもつ危険に立ち向かわないで、むしろそれを人間の尊厳と調停させる道を探し求めた」ということになる。（H. L. Dreyfus and P. Rabinow, What is Maturity ?, *Foucault : A Critical Reader*, ed. by David Couzens Hoy, Basil Blackwell, 1986, p.118. 山形頼洋ほか訳『ミシェル・フーコー――構造主義と解釈学を超えて』筑摩書房、三七〇－三七一頁）
（15） M. Foucault, What is Enlightenment ?, *The Foucault Reader*, p.37.
（16） Ibid., p.38.
（17） Ibid., p.38.
（18） M. Foucault, Qu'est-ce que les Lumiéres ?, *Dé IV*, p.684.
（19） Ibid., p.685. ここでフーコーが憲法のことに言及しているのは、フランス革命に際しての大学での法学部と哲学部の論争について著した『学部の争い』において、カントが歴史の進歩のバロメーターとして、共和制の憲法の制定を考えていたことに対応している。

(20) Ibid., p.687.

(21) H. L. Dreyfus and P. Rabinow, What is Maturity ?, p.111.（邦訳、三六二頁）

(22) M. Foucault, op.cit., p.687.

(23) M. Foucault, *Les Mots et les Choses*, Gallimard, 1966, pp.351-352.（渡辺一民/佐々木明訳『言葉と物』新潮社、一九七四年、三六二頁）

(24) Ibid., p.338.（邦訳、三三九頁）

(25) Ibid., p.352.（邦訳、三六二頁）

(26) Ibid., p.352.（邦訳、三六三頁）

(27) カント『実践理性批判』波多野精一ほか訳、岩波文庫、一九七九年、七〇頁。

(28) M. Foucault, What is Enlightenment ?, p.39.

(29) Ibid., p.42.

(30) Ibid., p.43.

(31) M. Foucault, *Histoire de La Sexualité 2, L'Usage des Plaisirs*, Gallimard, 1984, p.91.（田村俶訳『快楽の活用』新潮社、一九八六年、九六頁）

(32) Ibid., p.92.（邦訳、九七頁）

(33) ロイ・ボイヌは、このことについて「欲望によって支配される自己は自由ではないのだ。それゆえ、節制は自由と等しいのである。自己抑制の実行は厳密に自由の状態に関連している」と論じ、フーコーの自由についての見解を紹介している。（Roy Boyne, *Foucault and Derrida : The Other Side of Reason*, Unwin Hyman, 1990, p.144）

（34） M. Foucault, op.cit., p.93.（邦訳、九八頁）

（35） ヘルダーリンは古い伝統が終焉をむかえ､新しい存在の仕方を規定する文化パラダイムを暗示したが、それを初期のハイデガーは新しい神と呼んだ。そのことについてドレイファスとラビノウは「ハイデガーが自分の努力を、それが新しい神をもたらす助けとならなかったがゆえに失敗であるとみなしたのに対して、フーコーは決して神の不在を嘆きはしないし、自ら新しい神を探し求めもしなかった」と論じ、フーコーが新しい価値を新しい神にしなかったことを示唆している。（H. L. Dreyfus and P. Rabinow, What is Maturity ?, p.118. 邦訳、三七〇頁）

（36） M. Foucault, What is Enlightenment ?, p.38.

（37） J・ハーバマス『近代の哲学的ディスクルス』II〈Selection 21〉三島憲一ほか訳、岩波書店、一九九〇年、四三七頁。

（38） M. Foucault, L' Éthique du Souci de Soi Comme Pratique de la Liberté, 1984, *Dé IV*, pp.726–727.（山本学訳「自由のプラチックとしての自己への配慮の倫理」『最後のフーコー』三交社、一九九〇年、五一頁）なお、引用文中の（　）の部分は、引用者の注釈である。

（39） J. Habermas, Taking Aim at the Heart of the Present, *Foucault : A Critical Reader*, p.103.（「現代の心臓に打ち込まれた矢とともに」河上倫逸監訳『新たなる不透明性』松籟社、一九九五年、一七二頁）

（40） Ibid., p.104.（邦訳、一七三頁）

（41） Ibid., p.104.（邦訳、一七四頁）

（42）Ibid., p.105.（邦訳、一七五頁）
（43）Ibid., p.106.（邦訳、一七六頁）
（44）Ibid., p.106.（邦訳、一七六頁）
（45）Ibid., p.107.（邦訳、一七九頁）
（46）Ibid., p.108.（邦訳、一八〇頁）
（47）H. L. Dreyfus and P. Rabinow, What is Maturity ?, p.115.（邦訳、三六七頁）
（48）J・ハーバーマス『コミュニケイション的行為の理論』中、藤沢賢一郎ほか訳、未來社、一九八六年、二一六頁。
（49）同上、三一一頁。
（50）同上、三二一頁。
（51）H. L. Dreyfus and P. Rabinow, op.cit., p.119.（邦訳、三七二頁）
（52）M. Foucault, Structuralism et Post-structuralism, 1982, *Dé IV*, p.441.
（53）たとえば、フーコーは「権力とは何か」や「権力は何に由来するのか」を問わないとし、「これら二つの問いかけを際限なく問い続けるとき、現実の極端に複雑な状況を見逃してしまう」（M. Foucault, Le Sujet et le Pouvoir, *Dé IV*, pp.232-234, 邦訳、二九六－二九七頁）として権力の本質を問うことを回避した。また、「マルクス主義者が歴史の一般的な原動力として《階級闘争》を語るとき、気にかけるのはもっぱら階級とは何か、を知ることであって、決して《具体的に闘争とは何か》ということではない」（M. Foucault, Non au sexe roi, 1977, *Dé III*, p.268）と語り、《階級とは何か》という階級の本質を問い、概念化することは、闘争という複雑で多様な現実の現象を捉えきることはできないと考えていた。こうしたフーコーの本質を回避するやり方は、理性の本質を問わないという方法と同じ文脈上にある。

(54) M. Foucault, Structuralism et Post-structuralism *Dé IV*, p.440.

(55) M. Foucault, What is Enlightenment ?, p.39.

第六章　権力技法と主体

フーコーは、近代的な権力を単に禁止し抑圧するだけでなく、生産力を引きだし、破壊力を組織し、欲望を助長する「生産的な権力」として描いた。つまり、真理と結びついて科学的ディスクールが生みだされ、身体を標的とした効率本位の権力が組織され、そして、それらを総合した権力として、主体の構成にかかわる権力が描かれた。そして、合理性を旨とする巨大な権力のシステムと、主体の奥底にまで入り込み、その構成にかかわる権力が浮き上がってきた。

本来、フーコーは下からわきあがってくる無数の微細な権力を描きたかった。だが、ともすれば全体の構造が過剰に表現されたり、権力によって時計仕掛けのように動く主体が描かれがちであった。要するに、フーコーの権力論の問題点は、抵抗する主体がでてこない、ということであった。つまり、巨大な権力機構に諸個人が規定されているのならば、どこから歴史を動かす原動力がでてくるのか、また、主体が権力によって構成されているのならば、抵抗する主体はどこから生まれるのか、という疑問である。

フーコーはこうした抵抗の根拠に自由の問題を設定した。したがって、この章ではフーコーの権力、主体、自由の問題を取り扱うつもりだ。フーコーは、権力という言葉を多様に使ったため、その権力像を一つに纏めあげるのは相当困難であった。また、かれは権力を形式的に描きすぎるが故に、「構造主義者」のレッテルが貼られてきた。しかし、深く読んでいくと、かれの分析方法は、底のほうでアルチュセールの「科学的理論の生産過程」という方法と重なる。この章ではアルチュセールの方法というレンズをとおしてフーコーの権力論を読み解き、フーコーの問題点(これは構造主義がかかえる問題点でもあるが)である全体と個人の問題と、抵抗の所在を浮かび上がらせたいと考える。

一　権力の概要

これまでにあった既存の権力観というのは、「権力は悪である」という主張に拘泥してきた。フーコーはこの古い権力観を、次のようなものであると概括した。つまり、権力は「拒絶、排除、拒否、妨害」し、「合法と非合法、許可されたものと禁じられたもの」に分類し、「非合法なもの」「禁じられたもの」を語ること、触れること、近づくことを禁止し、「それは許されていないと主張し、それが言われることを防ぎ、それが存在することを否定する」ようチェックする。そして、それは、「法と禁忌と検閲という単純かつ無限に繰り返される歯車仕掛けによって機能する[1]」権力なのである。こうした権力は、自由を外側から禁止・排除し、人々を上から抑圧し、法の強制力と国家の暴力で支配するような権力である。フーコーは、この権力が、ただ「否」ということしかできないものであり、「何かをつくりだすことはできず、ただ限界を課する以外能のない権力である[2]」とした。ただフーコーは、強制や暴力を旨とする外在的で上からくる権力を否定しているわけではない。そうした権力は現実に存在するだろうが、たとえそうだとしても、こうした権力からのみ分析したとき、権力の複雑な性格を見落としてしまう、とフーコーは考えていた。こうした権力観は、権力に悪を、抵抗に善を充当する単純な二項対立を構成し、「権力は悪である」と規定する。しかし、現実の権力をみたとき、どんな独裁的権力も、悪と割りきれるほど単純なものではない。

ではフーコーはどのような権力を想定したのか。それは、人と人との関係があるかぎり、必ず存在する権力であり、「生産的」で「戦略的」で「積極的」な権力である。かれは「人々が相互に自由であればあるほど、相互の間で他の人々の行為を決定したいという欲望はますます大きくなる[3]」と主張する。そうした欲望は人間に本来具わっている欲望である。それは人間の本性を「欲望－権力」であるとするニーチェの文脈や、人間を「差異－欲望」から位置づけるドゥルーズの文脈の延長にあり、この欲望は権力とつながっている。ここで想定されている権力は、法の強制や国家の暴力という上からの権力ではなく、社会の下からわきあがってくるような微細な権力である。フーコーはこうした権力を次のように描写する。

(1)「権力とは手にいれることができるような、奪って得られるような、分割されるような何ものか、人が保有したり手放したりするような何ものかではない[4]」。権力は国家制度や暴力装置という何らかの実体ではなく、力関係であり、一方が他方の行為を決定するという不平等なものであり、この不平等さは常に逆転する可能性をはらんでいる。ここでフーコーは権力の関係をゲーム（jeu）にたとえる。

(2) 権力はそれだけで独立してとりだせるものではなく、経済関係や知の関係、性的関係などに内在し、それらに組み込まれ、支えられている。そしてそこで、富による、知（真理）による、セクシュアリテによる差異化がうみださる。すなわち、それは「法あるいは地位・特権の継承によって決定された差異、富と物財と生産過程での労働の占有という経済的差異、言語的・文化的差異、知識・能力の差異など[5]」である。この差異は新しい欲望と権力をうみ、ある合理性の型をもった権力行使の諸技術と結びついて、新しい富や文化や知識を産出する。つまり権力は生産的なものであり、人間の発展の原動力なのである。

(3)「権力は下からくる[6]」。権力は支配するものから、支配されるものへと下降するものではなく、社会の底辺にある家族、生産組織、学校、病院のなかで作動する多様な力関係の総体のことである。こうした微細で多様な力はさまざまな対立を生みだし、社会全体を貫く断層をかたちづくる。こうした断層の効果は、下からくる多様な力を「再配分し、列に整え、均質化し、系を調整し、収斂させ[7]」、大きな支配状態をつくりだすにいたる。したがって、フーコーは微細で多様な権力関係を強調するあまり、圧倒的な権力の過剰による支配的状況は存在しないといっているのではない。たしかに支配的権力は圧倒的な力で、権力の不均等性を固定化する。つまり支配状態とは「多くの場合権力諸関係は、永久に非対称的であるような仕方で固定されており、自由の取り分は極端に制限されている[8]」状態のことである。こうした権力の過剰による支配状態は危険な兆候であり、フーコーが抵抗せねばならないとしたのはこうした状態に対してであった。ただ支配状態は、微細な力関係によって、下から作りあげられたものであり、下から支えられている。したがって、この力関係が崩れるとそのバランスを失うことになる。

(4)「権力の関係は、意図的であると同時に、非‐主観的である[9]」。ここには「意図的」と「非‐主観的」という相反する表現がふくまれている。それは微細な権力の戦略的諸状況と、権力の装置に関する表現のことである。微細な権力関係において、一つ一つの権力は必ず、ある目的や目標をもって行使される。つまり、ある人が他の人に作用を及ぼそうとするとき、その行為は「特権の維持、利益の蓄積、法的権威の発動、職務や仕事の遂行[10]」などの目的に対する意図的なものである。そのかぎりで権力は意図的なものである。

しかし、もう少し大きな局面でみると、こうした権力はある戦術のもとに行使されるが、これらのさまざまな戦術は「互いに連鎖をなし、呼びかけあい、増大しあい、己の支えと条件とを他所にみいだしつつ、最終的には全体的装置を描きだすところのもの[11]」である。ここで装置というのは、制度や機関ではなく、権力のネットワークのことである。権力のネットワークは、権力を実現(プラティック）する際の統治の諸技術として機能する。こうした統治の諸技術はある型の合理性を浮かび上がらせるが、それを決定する主体（主観）は存在しない。つまり、さまざまな意図的な権力が、ある統治の諸技術の線に沿って、互いに支え合い、集まり、権力の網の目を作りあげていくのである。そして、こうした社会のすみずみにまで広がる権力の網の目（ネットワーク）を管理する主体は存在しない。こうした意味で権力は「主観」から遠ざかる。どんな力のある政治家も、経済人もこうしたネットワークを自由自在に動かす主人公にはなれないのである。

(5)「権力のあるところに抵抗がある」[12]。権力の関係は力の関係であり、作用と反作用が衝突するダイナミックな関係である。したがって、権力（作用）のあるところに必ず抵抗（反作用）も存在する。それに留まらず、抵抗のないところに、権力は存在しないと主張する。つまり、「鎖に囚われている時には、奴隷制は権力たりえない」、なぜならば「反抗者が不在では、権力は身体決定論と同等になりかねない」[13]ということだ。権力の網の目の中に、無数の抵抗点が内在しており、社会のすみずみで対立や闘争がある。ここでフーコーは権力を自由との連関で語っている。つまり「権力はすべてを制御し、いかなる自由の余地をも残さない支配のシステムであるという考えは、わたしのものではない」[14]ということである。自由な主体とは、差異を自覚し、欲望をうみだし、他者の行為をも決定したいという権力をもつ主体でもある。こうした主体は、他者が自分の行為を決定しようとしたとき、そこで自己の権力とぶつかり、抵抗することになる。つまり、人は抵抗する自由をもつ主体でもある。したがって、権力と抵抗とは表裏一体なのである。このことは、ニーチェが「権力への意志（力の意志）

は抵抗に当面してのみ発現することができる」[15]とした文脈上にある。

　こうした抵抗は「権力の関係の戦略的場においてしか存在しえない」とフーコーは述べている。つまり「権力－抵抗」は戦略的状況のなかにおいてのみ存在しえるのだ。そして、戦略を「権力効果を発揮し維持するために発動される手段の総体」[16]と規定している。これはゲームの場であり、人は権力を行使したり、抵抗したりする際、権力や抵抗を実現するために、他者が権力ゲームのなかでどう動くかということを計算しつつ、ある手段を選択して行為する。その手段は言葉、コミュニケーション、仕掛け、制度、装置、手続きなどさまざまである。大事なことは、こうした手段は権力を実際化するための媒介であり、権力に内在するということだ。そして、さまざまな権力の行使は、ある種の合理性を旨とする権力行使の諸技術の線に沿ってぶ厚い権力の織物に編み上げられる一方で、諸々の抵抗も、ある戦略の構想のもとに社会的な層をなし、革命を可能にするのである。

　整理すると、次のようになる。フーコーは権力の分析には「戦略的諸関係性、統治の諸技術、さまざまな支配」[17]という三つのレヴェルがあるとした。まず、「戦略的諸関係性」のレヴェルでは、さまざまな権力とそれに対抗するための諸々の抵抗点が至る所から生じ、一つ一つの権力は、ある戦略目的をもち、戦略的効果を維持するために状況全体に配慮し、相手を打ち負かすのである。それは、チェスにおいて駒を動かすような、権力ゲームである。ここでは、権力は、家庭における親と子の、学校における教師と生徒の、病院における医師と患者の、職場における上司と部下の、さらには生徒間、教師間、医師間にもそれぞれ権力関係は存在する。また、政治を担当している与党の議員達や行政官僚たち、財界のリーダーたちの間も力関係に引き裂かれている。つまり、どんな支配階級も一枚岩ではない。

したがって、権力関係とは社会のすみずみにある権力と抵抗（権力）の対立のことであり、権力は決して制度や支配者階級という権力の実体（中心）から派生してくるものではない。こうした一つ一つの権力は、それぞれ戦略を駆使して、自己実現をはかるとする。ここで戦略というのは、権力の効果を維持し高めるために用いられる手段であるが、それはフーコーが統治のテクノロジー（技法）と呼んだものにほかならない。

第二に、統治の諸技術（技法）は、一人の権力者が考案したものでもなければ、一つの原因から生まれたものでもない。権力の関係という戦略的状況において、諸々の権力行使の技術、手続き、仕掛けが考案されたが、それらは「起源のさまざまな、出所もばらばらの、しばしば些細な過程の多種多様な集まりとして理解する必要がある」[18]ということだ。こうした統治の諸技術に、真理と結びついた知である言説（ディスクール）が組み込まれている。また、言説のうえでは、「何を真理とするのか」を決定する「真理ゲーム」が闘われており、「権力と知が一つの仕組みに結びつけられるのは、まさしく言説においてなのである」[19]。統治の諸技術とは、さまざまな権力の規則、手続き、仕掛け、そして装置のことである。これらの諸技術は決して権力の外側にはなく、権力に内在しており、権力とセットで考えなくてはならないものであり、さらに別の権力関係に転移していくものである。こうした統治の諸技術は社会のすみずみに毛細状に広がり、「互いに連鎖をなし、呼びかけあい、増大しあい、自己の支えと条件とを他所にみいだしつつ」ある力線に沿って集積し、社会全体を網羅する全体的装置や全体的戦略を編み上げていく。肝要なのは、統治の諸技術は人に対して外から禁止し、抑圧するだけでなく、欲望を誘発し、生産力と破壊力を作りだす生産的な権力だ、ということである。

第三に、支配のレヴェルについてである。それは、諸々の統治の技術は、全体的装置や全体的戦略というシステムをうみだす。そして、このシステムは、権力の不均等性を固定化するということだ。そもそもフーコーは「戦略的ゲームとしての権力諸関係」と「支配の状態」とは区別されねばならないとしたのであり、その間には統治の技術があると考えていた[20]。そして支配の状態について、フーコーは次のように語っている。

> 権力諸関係の分析はときおり、支配という事実やあるいは状態と呼べるものに出会います。そこでは、権力諸関係は、可変的であったり、相手をさまざまに変化させる戦略に相手を服従させたりするかわりに、自己自身を確固としたもの、凝集したものとして表わすのです。個人や社会集団が、政治的あるいは軍事的であるのと同様、経済的でもありうる道具諸手段によって、うまく権力諸関係の領野をブロックしたり、それを非可変的で受容性のないものにしてしまったり、運動の一切の可逆性を奪ってしまったりするときに、われわれは支配の状態とよばれるものに直面しているのです[21]。

要するにフーコーは、局所的で微細な権力の関係は、抵抗する者が逆転して権力をもったり、ある権力関係が別の権力関係に転移したりする流動的で可逆的な力の場であるとした。たとえば、ある事柄について人より多くの知識をもっていて、他者に教えていた人が、今度は逆に人に教えられるとか、幼児の性的欲望を抑圧する大人と幼児の権力関係は、次には他の大人に強要されるという意味において、大人と大人の権力関係に転移するとかである。こうした局所的で微細な諸々の権力は、さまざまな統治の技術を使って、抵抗を抑え込もうとする。ここで統治の諸技術、仕掛け、手続きは積み重ねられ、社会全体に広がるネットワークを構成し、ある種のシステムを編み上げる。このシステムの力戦に沿って、より大きな権力が描かれる。こうした支配的権力は「支配－非支配」の関係を固定化し、定着させるのである。ただ、フーコーは政治的、経済的、軍事的手段を駆使して支配を行なっている国王やブルジョアジーの支配の存在を肯定している。しかし、これらの権力を主語にして、すべての微細な権力現象を説明することは、権力の複雑さを見落とし、その幅を狭めてしまう。

フーコーの権力のプラティック（実際化）は、アルチュセールの「理論的実際化」という科学的理論の生産過程に類似している。あきらかにフーコーはアルチュセールの方法を下敷きにしている。アルチュセールにおいては、科学的理論の生産は、科学の前史にあるさまざまなイデオロギーを素材〈一般性Ⅰ〉にし、これに生産手段（〈一般性Ⅱ〉）による加工を加え、科学的理論という生産物（〈一般性Ⅲ〉）を生産するという工程で行なわれる。ここで生産手段にあたる〈一般性Ⅱ〉とは理論的生産の契機をあたえ、生産の場所や水準を決定する理論のことである。そして、肝要なのは「〈一般性Ⅰ〉

と〈一般性III〉の間には本質的同一性が存在しない[22]」ということである。

こうしたアルチュセールの科学的理論の生産過程を下敷きにすると、フーコーの権力のプラティックはよくみえてくる。つまり、〈一般性I〉は微細な権力が攻めぎあう「戦略的諸関係」のレヴェルであり、〈一般性II〉は「統治の諸技術」のレヴェルであり、〈一般性III〉にあたるのが「支配」のレヴェルである。こうした文脈から、微細な権力の諸関係（素材）に統治の諸技術という手段による加工をくわえ、支配状態を生産するという寸法になる。このとき支配状態と微細な権力関係は同じ本質的同一性をもたないので、前者を後者に還元することは不可能であり、「支配」のレヴェルでの権力の「非‐主観性」は「戦略的諸関係」における個人の意図に還元できないということになる。また、支配的な権力から微細な権力へと還元できないのである。

フーコーの権力分析は、あくまでも社会のすみずみに毛細状にのびる権力の網の目を、その末端のところで捉えるやり方であり、そこで行使される微細な統治の諸技術がその対象であった。そしてかれは、この末端の局所的権力を積み重ね、より大きな権力現象を縁取るという方法をとった。たとえば「いかに君主が高所に出現するのかと自問するよりはむしろ、少しずつ、徐々に、現実に、物理的に、身体、力、エネルギー、物質、欲望、思想の多様性をもとにして諸主体＝臣下が構成されるかを知ること[23]」が大事である。言い換えるならば、諸主体＝臣下（sujets）が構成されるのとパラレルな形で、さまざまな多様な力によって君主の身体が構成されたのである。

さらに、ブルジョアジーは近代において、すべての権力を作ったわけではない。狂人の排除や、性欲や犯罪の医療化にブルジョアジーが興味を示したわけでもない。そうではなくて「ブルジョアジーは狂人にではなく、狂人におよぶ権力に、幼児の性欲にではなく、それを管理するシステムに関心をもつ」[24]のである。つまり、こうしたシステムとブルジョアジーの権力との結びつきが、政治的利益や経済的利潤を生みだし、ブルジョアジーの権力を支配的な権力へと押し上げた。したがって、支配的な個人や社会集団を主語にして、そこから一切を説明するのではなく、狂人の排除や性欲の抑圧の技法がさまざまな場所から出て、それらがブルジョアジーの権力と結びつき、新しい「主体＝従属化」のタイプが生みだされたことにフーコーは関心を抱くのである。さらにフーコーは、近代の権力と国家との関係について「権力関係が国家に由来するということではなくて、権力関係がますます国家支配の下に入り込んできている」という状況を呈しており、権力関係は漸進的に支配の形態をとるようになり、それは「国家制度の形態をとって、その庇護の下に磨かれ、合理化され、集中化されているのである」[25]と指摘している。つまり、近代において、ブルジョアジーは、国家制度を他のさまざまな権力の技法と並んで取り入れ、国家制度の下で支配を確立した、と言えるのである。

整理すると、権力とは人間にある差異や欲望から発するものであるが、こうした権力を人が実現しようとするとき、さまざまな技法を必要とする。つまり、権力はさまざまな権力の技法や技術を行使して権力関係をつくりあげる。そのとき権力の技法や技術そのものは権力を生みださないが、権力関係に内在化されることによって権力関係を実際化する。このとき権力の技法によってある型をもった権力を実際化することをフーコーはプラティック（実際行為）と呼んだ。それは真理から権力を推し測る理念上の権力観（権力は悪である）の実践（プラクシス）ではなく、出来事の次元に現われる実際の行為のことである。そして、支配とは、これらの諸々の権力関係が積み重なり、大きな束になり、社会全体にネットワークとして広がった状態をいう。ここで肝要なことは、権力の技法や技術は権力関係を実現するだけでなく、それを形式化し、システム化する働きをもつということである。そして、局所的な権力関係は個人的レヴェルにあり、権力関係に個人や集団の意志は反映されるが、無数の権力関係が編み上げる権力の網の目が形づくる支配は、個人や集団の意志をこえたものであり、それらに還元されることはない。たとえば、わが国の与党の支配体制をみたとき、局所的な政治状況では政治家個人の意志が反映されるが、後援会組織という集票マシーンや「政・財・官」の癒着によるさまざまな権力の技法、およびそれらが積み重なってできた支配のシステムは、総理大臣が代わっても、変わるものではない。またブルジョアジーの支配と結びついた学校制度、工場での生産管理の技法、保険衛生の諸技術は、ブルジョアジーの意図にかかわらず、生き残るであろう。

二　主体について

フーコーは、第三章でも触れたように、自己の研究の目的を、ある時代のなかで、「人間が主体として構成されているさまざまな様式についての一つの歴史を創設することであった」と述べている。まさしく主体はフーコーの真のテーマである。フーコーにとって主体とは、権力の諸技術やシステムや構造に、完全に規定されているのではない[26]。諸個人は、権力の諸装置のなかで、「思いどおり作動させる身体」や「管理された」主体として構想される一方、「欲望する主体」としても構成された。つまり、フーコーにとって主体とは、「隷属する主体」であると同時に、「抵抗する主体」でもあるのだ。人が差異や欲望をもち、それらを権力の諸技術や諸技法という手段と結ぶことによって、権力を実際化（プラティック）するのならば、このプロセスは主体の構成のプロセスにほかならない。なぜならば、権力のプラティックは主体の構成にかかわるからだ。つまり、人は権力の諸技法、諸技術と結ぶことによって、主体となるのだ。ここでも、アルチュセールの「科学的理論の生産過程」というプロセスはいきている。主体は権力の技法によって構成された主体であるが、同時にそれは権力の技法を選ぶ主体でもある。そのとき、その選び方によって、支配する主体にもなれば、抵抗する主体にもなる。

とにかく、フーコーは次のように主体を論じる。

主体は一つの実体ではありません。それは一つの形式であり、この形式はなかんずく、常に、自分自身と一致しません。あなたがある集会で、投票したり、発言したりする政治的主体として自己を構成するときと、性的な関係において自分の欲望を満たそうとするときとでは、あなたは同じタイプの関係をもっているわけではないのです。こうしたさまざまな主体の形式の間には、諸々の関係や相互干渉があり、人は同じタイプの主体として存在しているわけではないのです[27]。

従来の考え方では、主体は当然「わたし」というものの実体を構成しているものであった。しかし、ここでフーコーは主体は実体ではなく形式だ、と主張している。それは、主体が権力のさまざまな技法という形式によって表現されたものにほかならないからである。また、フーコーは「個人は権力の一つの効果（結果）である」とも述べている。つまり、権力の技法によって形式化された個人（主体）は、権力の結果であり、社会に対して一つの効果として作動する。それ故、個人（主体）は権力が経由する中継点となる。ここでは、主体は社会の権力のシステムの中でしか存在できないことが謳われている。いずれにしても、フーコーはまったく拘束のない解放された「主体」、絶対的に自由な「主体」、真実の「主体」、即自と対自の一致した「主体」、本源的なアイデンティティーに結びついた本当の「わたし」という実体としての「主体」を否定する。要するに、こうした「主体」は人間主義の枠組みのなかで描かれた主体なのである。したがって、わたしたちは権力の技法によって構成された形式的な主体しかもてないのであり、そこからしか出発できない存在なのである。

さらに、政治的な技法によって実現された「わたし」と性的関係の技法によって構成された「わたし」とは同じではない。権力の技法が違えば、描かれる主体も異なる。要するに、主体とは、一つに纏まった実体ではなく、多様な形式の積み重ねなのである。フーコーのねらいは、「これらの主体のさまざまな形態の歴史的構成」を描くことであった。フーコーにとって、こうした主体の歴史的構成は、言説のレヴェル、権力のプラティック（実際行為）のレヴェル、自己と自己との関係のレヴェルという三つのレヴェルに分けることができる。それは、考古学、系譜学、倫理の問題ということに符合しているといって差し支えない。ただ、これらのレヴェルの一つ一つはそれぞれ独立してあるのではなく、お互いが支えあって存在しているということが肝要である。晩年のフーコーは、特に言説と身体と権力との絡み合いを、同じ土壌で展開し、ここでできあがった権力のメカニズムの脱出手段として倫理の問題をうちたてたのである。

フーコーは『狂気の歴史』において、医学的言説のうえで狂気が「正常－異常」、「理性－非理性」に分割され、排除され、監禁されることを、『臨床医学の誕生』では狂気や病に真理のまなざしがむけられ、医学的言説において、狂気や病が理解され、語られ、記録され、知の対象として真理につなぎとめられたことを描いた。また、『知の考古学』においては、こうした言説が非言説的領域、つまり実際の権力の諸関係によって支えられていることを明確にした。また、『言葉と物』において、十六世紀以後のヨーロッパの知の在り方をあきらかにした。ルネサンス期には類似を旨としたエピステーメが、その後十七－十八世紀の古典主義時代には表象を旨としたエピステーメが、そして十九世紀には「生命、労働、時間」を旨としたエピステーメが編み上げられ、人間主義の中心に座る「人間」なるものが生みだされたことが主張されている。

これらの著作では、言説が知として編み上げられ、こうした知が真理と結びつき、科学的言説としてさまざまな権力関係に浸透していったことが論じられている。要するに、フーコーの考古学において「言説－知－権力」の関係を真理というキーワードで解きあかす作業を行ない、「知－真理－主体化」という構図のなかで、真理をめざす知の体系がどのように主体の構成にかかわったかを表わそうとした。ただし、この段階でのフーコーは「言説－知－真理」の関係は明快であるが、それと権力のシステムとの関係は不明確なままであった(28)。

その後、フーコーは『監視と処罰』において、身体に対して行使されるさまざまな権力の仕掛けや諸技術を表わし、それを規律権力（ディシプリン）という権力行使の技法に纏めあげた。つまり「身体についての知と身体の力を統御することこそが、身体の政治技術論(29)」を生みだすとされたのである。第二章でも述べたように、ここでは身体が知と権力の標的になっている。身体はまなざしにさらされ、細部にわたるまで測定され、検査され、姿勢、速度、動作が記録され、知の対象となる。そして、こうした知によって、個々人の身体を碁盤割りにされた空間に配置し、規則本位の時間割りにあてはめ、一定の計測された運動を強制する権力のテクノロジーをフーコーは規律権力とよんだ。こうした規律権力は工場、学校、病院、兵舎、監獄などありとあらゆる場所で生みだされたが、大事なことは「こうした服従強制の技術をとおして、新しい客体が組み立てられようとしている(30)」ということだ。要するに、新しい権力のテクノロジーは、身体を標的にした「客体としての近代的個人」を組み立て、ここに個人を客体化する諸科学が生まれたのである。客体としての近代的個人は有用で「従順な身体」であり、効率本位で動くシステムの部品の一部としての人間（主体）のことである。ただ、こうした規律権力から構成された主体は、一方で生産力や破壊力を生みだす主体であるが、他方で、権力のシステムにがんじがらめにしばられた主体となり、このシステムからの脱出は不可能なような印象を与えている。

次の段階でフーコーは、言説と権力を組み合わせるなかで、諸個人を主体化する総合的な権力のエコノミー（生産・配分）を浮かびあがらせた。それをフーコーは「生‐政治学」と名づけたが、この権力のエコノミーによって、近代的主体がより鮮明にみえてくる。とっかかりは、こうである。フーコーはある権力関係を理解するためには、この権力関係に対する闘争や抵抗の形態を、分析すべきであると考えた。そして、かれは次のように主張する。

一般に闘争には三つの型があると言える。一つは（民族的、宗教的、社会的な）支配の形式に対する闘い、個人をその生産物から分かつ搾取の形式に対する闘い、いま一つは個人をその内面にくくりつけ、同様に自己を他者に服従させる形式（主体化＝服従化に対する、主体性と服従の形式に対する闘争）に対する闘いである。(31)

これらの三つの型の闘争は、それぞれ独立してあるのではなく、混じりあっている場合が大半である。しかし、そのなかでもどれか一つの闘争の型が優勢であるとする。たとえば、封建社会においては、支配に対する闘争が、十九世紀には搾取に対する闘争が、今日では主体化＝服従化に対する闘争が主流となっている、とされる。とくに今日、「女を支配する男の権力への、子供を支配する親の権力への、精神病を支配する精神医学への、人口を支配する医学への、人々の生き方を支配する管理体制への抵抗[32]」が激しくなっている。こうした主体を問う闘争の特徴は以下のようになる。特定の国や支配体制に限られることのない「横断的」闘争であること。それぞれの闘争は本当の敵ではなく、当面の目の前にいる敵に対する「直接的」な抵抗であり、具体的かつ直接的な権力の効果を標的にすること。さらに、これらの闘争は個人の地位や権利を問い、個人を強制的にアイデンティティーにつなぎとめる権力を攻撃すること。また結局のところ、人は知識、能力、資格に基づいて位置づけられているが、この闘争は、こうした知識、能力、資格を基礎づけている「知の制度」に対する異議申したてとなること。そして、この闘争は「われわれは何者であるのか」を問う闘争なのであること、が特徴である。ここで大事なことは、抵抗する主体も、なんらかの抵抗の技法をつかわなければ抵抗にならないし、権力に抗する新しい主体も構成しえないということである。

こうした抵抗がある以上、これに対抗する権力のメカニズムがあるはずである。近代において、さまざまな権力は、ある合理性と結びついてきた。とくに近代国家のもとでの「合理化と政治権力の濫用との関係は明らかである[33]」。近代国家とは巨大な官僚団、軍隊、警察をもち、官僚制に貫かれた行政組織をもち、経済や政治の領域のすみずみにまでその権力の網の目をひろげ、個々人を監視し、検分し、記録し、統計上の単位として全体にむすびつけるシステムのことである。つまり、近代国家は中央集権的技法によって、個々人を国家にむすびつける全体化の装置である。だが、近代国家はこうした全体化とは別の個別化の働きも同時に有した装置である、とフーコーは考える。

その源を古代キリスト教に発する司牧権力は、古代に牧人が羊の一頭一頭の生命や健康に配慮するように、またキリスト教においては司祭が信徒から告白を聞き、一人一人の魂に配慮するように、個々人をアイデンティティーにしばりつけ、個別化し、主体化する技法のことである。それは十八世紀以後、教会の凋落とともにすたれた、と思われてきたが、実際には、この個別化の技法は近代国家のなかで、磨かれ、強化され、再組織化された。すなわち、この権力の技法は健康を管理し、安全を保障し、快楽を創りだし、身体を作動させ、生命に配慮する権力なのである。と同時に、個々人に告白させ、語らせることによって主体の構成にかかわる権力技法でもあった。ただ、国家がこうした権力を生みだしたのではない、さまざまな場所で、もろもろの告白を旨とする権力の技法が編みだされ、国家のシステムの中へ流れ込み、集約・再編されたとみるべきなのである。要するに司牧権力は近代国家のなかで、全体化と個別化の作用を同時に果たしているのである。

フーコーは、こうした司牧権力を、言説や知を標的にした権力の技法と、身体や生についての戦略的技法と、諸個人が主体化される様式とが混在したものとして提示している。たとえば、性は禁忌の対象であり、抑圧されたものとして描かれてきたが、フーコーは諸個人が性に対する権力技法によって「欲望する主体」として創りあげられた、と考えた。この場合、かれは「性」を構成する三つの中心軸があり、その三つの連関を総合的に分析しなければならないとした。すなわち「その三つの中心軸というのは、〈性〉と関連するもろもろの知の形成、つぎにその〈性〉の実際面を規制する権力体系、そして、個々人が自分がこの〈性〉の主体として認識すること」(34)なのである。

これらの三つの中心軸が重なって提示されている事例を一つあげてみよう。フーコーは子供の性について、次のように論じた。すなわち、第一に「思春期の学童とその性をめぐって、教訓と意見と観察と、医学的忠告、病理学的症例、改革の図式、理想的制度のための計画に関する夥しい文書が書かれ(35)」、思春期の子供の性が、言説のレヴェルで知として刻み込まれるとした。次に、「教室の空間、机の形、休憩時間のための中庭の設備・配置、寝室の配分（仕切り壁があるかないか、カーテンがあるかないか）、就寝と睡眠についての監視(36)」、こうしたものの一切が子供の身体に向けられ、性が管理されるとした。最後に、こうした性についての言説や管理は、子供の性に沈黙を課したわけではなく、「教育者に、医者に、行政官に、親に語らせ、あるいはそれについて彼らに語る、子供達に語らせる、そして子供達を言説の網の目のなかに組み込んでしまう(37)」のである。こうした言説の過剰と身体の配置の巧妙な組み合わせは、性を抑圧するどころか、性的欲望を誘発し、個々人を「欲望する主体」として構成するのである。

とにかく近代において、個々人は、非理性より理性の、異常より正常の言説によって形づくられた「健康な人間」や「模範的な人間」として、富や財よりも、時間や労働が抽出されるための身体として、健康や生命に配慮された住民として、快楽や欲望の主体として構成されるのである。わたしたちは権力の技法によって主体として構成されるのならば、「わたし」の中に、さまざまな権力の技法の数だけ主体があることになる。こうした分裂した主体は、統一されることはないのか。はたまた、抵抗する主体はどのような技法を選べばよいのか。こうした問題は、自由の問題にかかわるのである。

三　自由について

自由の問題は、カントにおいては、道徳の問題と結びつけられて描かれた。そして、フーコーにおいては、自由は倫理の問題との連関で語られている。ここには類似した思考があり、二人の問題意識は同じ流れの上にあるといっても差し支えない。カントについては、こうである。

カントは自由を責任とセットで考えた。つまり自由な主体があってこそ責任が問える、と。たとえば、カントは『純粋理性批判』で、ある人物の「悪意ある虚言」が社会の混乱を招いた話をあげている。そして、「彼の経験的性格をその根原まで突きとめてみる、そしてこの根原を、かれの受けた悪い教育、かれの交わっている不良な仲間、かれの恥知らずで悪性な生まれつき、軽佻や無分別などに原因を求めるとすると、こうした原因の究明は、「およそ与えられた自然的結果に対する一定の原因を究明する場合とすべて同様である」と論じている。[38]まず、ある人物の行為の原因が、かれの置かれた社会環境や、環境が組み込まれている社会関係に求められている。この場合、かれの犯した罪は、社会関係や社会環境が悪いのであって、かれ自身の罪は問えないということになる。またこうした原因の究明は「自然的結果に対する一定の原因を究明する場合」と同じということになるが、その意味は、人は外の自然なモノを認識する際、じつは認識しているのは時間や空間という形式によって精神のなかで整理した現象なのである。「自然的結果に対する一定の原因」を求める因果律をカントは「自然法則」と呼ぶが、これは純粋に外の自然だけでなく、社会関係や社会環境もふくまれている。したがって、わたしたちが認識しているのは外部のモノではなく、精神の内部の現象なのであり、その整理の方法を「自然法則」と名づけている。わたしたちの認識が、精神の内部の現象であるのならば、そこでは「自然法則」による規定があるばかりで、行為の自由な選択は不可能であり、そのかぎりで、自由な主体も存在しないことになる。

しかし、カントは、「君自身が自然の一部であるとすれば、その君の企てる行為は、自然法則にしたがって生起するわけだが、それでも君はかかる行為を君の意志によって可能であると見なし得るのかどうかを自問したまえ[39]」と問いかける。当然人は自然の一部として生きているのだから、必然的に自然法則に支配されている。しかし、カントはその行為の責任は問える、とした。すなわち、

この行為の原因は、上に述べた一切の経験的諸条件にかかわりなく、彼の所業を実際とは異なって規定し得たしまた規定すべきであったと見なすのである。しかも我々は理性の原因性を、単に感性的動機と攻め合うようなものとしてではなく、それ自体完全なものとして考えているのである、それだから感性的動機が理性の原因性に賛成しないどころか、これにまったく反対するにしてもやはり理性の原因性はかくあるべきであった、という見方をするのである[40]。

ここでカントが言いたいことは、「悪意ある嘘」をついた感性的動機は経験的諸条件によって基礎

づけられているという自然法則であろう。つまり、嘘をつく欲望、誘惑、必要性といった動機にあたるものは、経験的諸条件（環境や社会的状況）からでてくる自然法則によって規定されており、そのかぎりでは、自由な主体は存在しない。しかし、こうした感性（あるいは悟性）に基づく自然法則という原因とは別の原因がある、とカントは主張する。やはり、カントにとっても自由な主体は存在するのだ。ここで、別の原因というのは、理性の次元にもとめられるのである。

わたしたちの行為のすべてが、自然法則に基づく因果律に拠るところのものならば、それらはすべて必然的で、行為の選択の余地もなければ、「善－悪」という判断も必要のないものになる。これでは自由も道徳も存在しない。これに対して、カントは「人間には感性的衝動の強制とは無関係にみずから自分自身を規定するような能力が本来具わっている[41]」とする。ここでいう「みずから自分自身を規定する能力」というのは理性のことである。そしてカントは次のように論述する。

ところで感性的衝動によってのみ、換言すれば感性的にのみ規定せられる意志は、単なる動物的意志である。これに対して感性的衝動にかかわりなく、理性の指示する動因によってのみ規定せられる意志は自由意志と呼ばれる。そしてかかる自由意志に結びつく一切のものは、それが理由であると帰結であるとを問わず、すべて実践的と言われる[42]。

カントによるとわたしたちの認識は主観のなかでの現象であるかぎり、主観の彼岸にある「物自体」

に到達することはない。所詮現象のなかで人は衝動や感情や欲望という「動物的意志」しかもてない。しかし、人の認識は経験に制約されていても、その意志は「理性の指示する動因」によって「物自体」を目指す。それは現象を超えた「物自体」を決して認識することはできないが、カントは「目指す」という実践が道徳律として表現される、と考えた。そして、この道徳律が自然法則の制約から自由であるという意味において、自由と結びついている。ここで、カントは認識の制約から自由になるべく、実践（実践理性）の重要性を謳っている。こうした実践を旨とする道徳の目的は、意志の格率（自己立法）を守ることであり、そのかぎりで自由は「みずから自分自身を規定する能力」となり、自律的なものとなる。つまり、「意志の自由と自己立法とは共に自律(43)」のことである。したがって、カントの自由論においては、共同体が与える外からの「規範」や、「快－不快」という感性的感情に拠ってたつ幸福概念などは、自然法則に基づく他律的なものとして退けられる。とにかくカントは、道徳律の内容を「善－悪」というカテゴリーから解放し、そこに自由をもってきた。

カントにとって、道徳律は定言命法という命令の形をとる。つまり、人は自然や社会の因果関係から自由になることを命令される。ではその命令はどこからやってくるのか。カントは「自由という実践的概念（意志の実践的自由概念）は自由という先験的理念に基づくものであり、また昔から意志の自由がどうして可能であるかという問題にまつわる幾多の困難を生ぜしめたそもそもの張本は実に自由という先験的理念であった(44)」と述べている。つまり、経験的な認識において有限な人間は、自由においては先験的理念をもっており、ここに「先験的＝経験的二重体」としての近代の人間が考案されている。そして、人は「自由になれ」という先験的理念からの命令を、経験以前から、経験を超えて「自発的に」うけているのである。ただカントにおいては、こうした先験的理念は、「物自体」と同様、論証できないものであり、どうもはっきりしない面がある。フーコーは『言葉と物』において、先験的理念を絶対化する立場にカントの人間主義をみていたのである。つまりカントは、自由という先験的理念をもった人間に、経験的事象を織り込んでしまう。(45)とにかくカントは、経験の世界において、人は必然的に自然や社会の因果関係におかれ、自然法則に支配されており、実践においては、人は自由な主体として生きている、と考えていた。そしてカントのねらいは、自然や社会の必然的な因果関係の規定を受けている人間を、実践のなかで、自由な主体として奪回したかったのである。この構図は、じつはフーコーにそのままあてはまってしまう。つまり、この構図は構造主義の構造が全体を規定するという図式に重なっている。そして、フーコーは社会の構造やシステムからくまなく人間が規定されているとする構造主義的全体論から、抵抗する自由な主体を奪回したかったはずである。

したがって、フーコーの問題意識は「人はなぜ抵抗するのか」という抵抗の根拠をもとめることであった。ここにフーコーは自由の問題を提示したのである。つまり人は自由であるからこそ抵抗するのだ、と。フーコーは自由の実現（プラティック）は「支配の効果を回避する」ことを主題としており、あきらかに権力の過剰な行使である支配との対立概念として「自由」という言葉を使っている。またフーコーは「自由は権力行使の条件として現われる」(46)という表現を使っており、自由がなければ、権力関係はありえないと考えていた。つまり、権力と自由とはコインの裏表なのである。

権力が「他の人々の行為を決定したい」という欲望であるのならば、この欲望こそが自由を支えているのである。このことは「人々が相互に自由であればあるほど、相互の間で他の人々の行為を決定したいという欲望はますます大きくなる(47)」というフーコーの表現に如実に語られている。すなわち、欲望を本性とする人間にとって、「他の人々の行為を決定したい」という欲望は、同時に「他の人々によって自分の行為を決定されたくない」という欲望としても働くはずである。言い換えるならば、こうした欲望は自己がいくつかの行為の選択ができる主体でありたい、という欲望でもある。また、人が犯罪を犯したとき、他の行為も選択する余地があったはずだ、ということで責任を追求できる主体でもある。要するに、フーコーが言いたいのは、さまざまな行為の選択が可能な自由な主体があるからこそ、その行為の選択を制限する欲望である権力が存在の意味をもつのである。また、こうした自由な主体が存在するからこそ、人は構造にがんじがらめにしばられてはいないのである。要するに、自由な主体とは「欲望する主体」のことなのである。

フーコーは「人間は自由からはじまるのではなく、有限性からはじまる(48)」としたが、この表現は、人間は自由という本源的実体をもった存在ではなく、現実の社会関係という有限性のなかにのみ存在するという意味である。自由は実体ではなく関係のなかで存在するということだ。それは権力とて同じことである。すなわち、他の人々より行為の選択肢が広いとか、他の人々より物事をよく知っていて、教えることができるという状況で存在するのである。

フーコーは晩年、知の関係を「真理ゲーム」に、権力の関係を「権力ゲーム」にたとえた。かれは次のように論じる。

私は《ゲーム》という言葉を語るとき、真理を生みだす諸規則の総体を表わしています。この言葉は、何らかのまねをしたり、芝居を演じたりという意味でのゲームではありません。……それはある結果へと導く手続きの総体のことです。そして、その結果はこうしたゲームがもつさまざまな諸手続きの原理や規則に応じて、妥当かどうか、勝者か敗者かとして判断される。(49)

もちろん、ここで言う「真理」とは、絶対的かつ普遍的な真理ではなく、「わたしの考えていることは絶対に正しい」と思い込む意味での真理である。いわばゲームの賭け金としての真理なのである。さらに真理と権力とは不可分の関係にあることは当然のことである。さて、ゲームとは芝居を演じるような遊びではなく、現実に闘われている実際の世界での出来事である。ここでチェスのゲームを想定してみよう。チェスには必ずルール（規則）がある。しかし、一つ一つの駒は全体のルールにしばりつけられながらも、いくつかの選択肢をもった自由な主体である。駒が自由に動けないとゲームは成立しない。ここには全体（構造）と個との関係が象徴されている。いずれにしても、自由はこのゲームの存在条件になっているのである。

また、ここでいう「規則」「諸手続き」というのはフーコーの権力の諸技術（手段）の次元に位置づけられる。わたしたちは、権力や「真理－権力」をさまざまな諸手段（諸技術）を使って実際化（プラティック）する。そして、これらの諸規則、諸手続き、諸技術という権力の技法が構造と連関しており、それらの技法のなかに構造は刻み込まれているのだ。したがって、ゲームは勝敗を決する欲望の場であると同時に、権力や知を実際化するプラティックの場でもある。そして、権力が自由と表裏の関係にある以上、それは自由のプラティックの場でもある。

ところで、カントは経験的諸条件からでてくる自然法則の因果性から自由になることを自由だと考えた。では、フーコーはなにから自由になることを自由と考えたのであろうか。それは、全体の構造からの自由である。つまり、フーコーにとって全体の構造は統治の諸技術という権力の技法のレヴェルに刻み込まれて存在している。そして、人はこうした統治の諸技術に、またそこに刻み込まれた全体の構造に時計仕掛けのように規定されることから免れるという意味での自由なのである。ここで留意すべきは、カントの自然法則からの自由は人間の精神の「内」での自由であるのに対して、フーコーの全体の構造からの自由は、「外」の出来事のレヴェルでの自由であるということである。

カントにおける自然法則からの自由も、フーコーにおける全体の構造からの自由も、ともに人が何も工夫や努力をしないで、そのまま生きていることは、ちっとも自由でないという文脈の上にある。かれらにとって、自由は実践（あるいは実際化）や自律として存在した。フーコーは「自由は行使されなければならない[50]」と発言し、実際化のなかではじめて存在しえるとしたし、カントは「実践」において自由が実現されると考えていた。また、フーコーは自由を「自分自身に行使する支配力」と規定し、「自己と自己との関係」つまり自律の問題として自由を捉えた。カントも自由を「自ら自己を規定する能力」と位置づけ、自律の問題として把握した。その結果、フーコーは自由を「欲望の統御」として、カントはそれを「格率の厳格な遵守」と考え、なんら工夫や努力をしないで、欲望の赴くまま生きることに警鐘をならしている。

こう考えてみると、フーコーはきわめてカントに近い。しかし、根底的な相違がある。それは、カントは「人はなぜ自由を求めるのか」という問いに、絶対的自発性としての先験的理念で答える。この先験的理念は実践理性の内容であるから、自由は理性によって根拠づけられていることになる。他方、フーコーにおいては、自由の根拠は問わない。主体が形式なのならば、自由も形式なのである。絶対的な解放などありえないのと同様、絶対的な自由も存在しない。自由はフーコーにとって、「権力ゲーム」や「真理ゲーム」という関係の中に存在するのである。ここでは、先験的理念へと自由を「内」へと纏めていくカントの立場と、出来事のレヴェルで自由を「外」へと分散させていくフーコーの立場との相違がある。

四　権力の概括

フーコーが権力というとき、権力という言葉は「戦略的諸関係性」のレヴェルでの個人の微細な戦略的行為のことをさしている場合もあるし、「統治の諸技術」のレヴェルでの技術や手続きや装置のことをさしている場合もあるし、また「支配」のレヴェルでの圧倒的な「支配－服従」関係をさす場合もある。そのことがフーコーの権力論を分かりにくくしている。ここでアルチュセールの「科学的理論の生産過程」の考え方を取り入れると比較的はっきりみえてくる。つまり、それが〈一般性Ⅰ〉が〈一般性Ⅱ〉という手段を使って、〈一般性Ⅲ〉を生産するというプロセスならば、権力とはこうした三つのレヴェルを貫通するプラティック（実際化）そのものであるということになる。

ただフーコーの研究は〈一般性Ⅱ〉の統治の諸技術（技法）のレヴェルに集中した。権力を一連のプラティックと捉えないのならば、フーコーの研究は、個人が社会のシステムにがんじがらめにしばられているような印象をあたえている。なぜならば諸技術のレヴェルは一切を形式化する働きをもっているためである。フーコーは、近代の権力の技法として「真理‐権力」を旨とする科学的ディスクール（言説）、身体を標的とした効率本位の規律権力、またそれらを総合したものとしての告白を旨とする「生‐権力」を描いた。しかし、それらはいずれも権力の技法であるかぎり、形式化された全体が浮かびあがるばかりであった。そのため、全体の構造ばかりが目立ち、歴史は動かないように感じられてしまう。また、一切が形式化されている以上、実体や価値は存在せず、抵抗の動機もでてこなかった。

しかし、権力を一定のプラティックと読むと、事情は違ってくる。本来フーコーは権力関係を動的な「力の関係」として描きたかった。したがってフーコーは人間の能動性をひきだすために、統治の技法を手段に留めたのだ。かれは、「権力はすべてを制御し、いかなる自由の余地をも残さないという考え方は、わたしのものではない[51]」と語り、自由な主体の優位性を主張している。じつは、主体も権力と同様、諸技術（手段）によって構成されており、全体の構造は、手段としての統治の諸技術（技法）のなかに内在化されているだけなのである。こうした諸技術が、主体の実体ではなく、構成の手段に限界づけられているのならば、諸技術は主体の存在の諸条件を示すに留まり、主体はその諸条件の範囲内で、自由な選択が可能となる（たとえば、生産者が同じ生産手段（機械）を使っても、その人の創意工夫で、できた生産物は異なる）。さらに、こうした選択可能な主体は、自らが諸技術を選択する主体ともなる。ここでは、自由な主体（抵抗する主体）と全体のシステムの関係が、巧妙に論じられており、全体と個人の対立的関係は回避されえる。つまり、全体は個人の自己実現の手段のなかに刻み込まれて存在し、個人の存在の諸条件（枠組み）を提示し、個人はその枠組みの中で、自由な選択が可能な存在となる。

こうした理解をすると、歴史を動かしたのは一人の英雄かその当時の社会関係かという設問にも、容易に答えられる。ナポレオンの国民軍という技法も信長の楽市楽座という技法も当時の社会関係がその外形を編み上げていたのだろうが、こうした技法を選択したのはかれらであった、と。さらに、わが国の戦争責任に関して、当時の国際情勢の結果、わが国は戦争に追い込まれたという考えがある程度正しいとしても、そのとき戦争の装置を駆使した人物や集団が必ずいたということで責任はあるはずだ。

フーコーが苦慮したのは、「なぜ抵抗するのか」という抵抗の根拠に対してである。フーコーは次のように述懐している。

ディスクールにかかわるプラティックを分析することによって、科学とイデオロギーの板ばさみをまぬがれながら、もろもろの知の形成をたどることができた。権力の諸関連とそれらの技術論を分析することによって、これらを開かれた戦略として検討することができた。……逆に、個々人が自分の性を主体として認識するようになる場合に用いられるもろもろの様式を研究することは、はるかにおおくの困難をわたしにもたらしていた(52)。

ここでフーコーはセクシュアリテとしての「欲望する主体」を構想したが、困難を呈したと吐露している。フーコーが描きたかった主体は「個々人が自分自身に注目し、自分を解読し、自分を認識し、自分を欲望の主体であるとみとめるにいたった(53)」主体である。こうした主体は「自己と自己との関係」を目指した自由な主体、つまり抵抗する主体のことなのである。フーコーは抵抗の根拠に自由を設定し、こうした自由のプラティックとして倫理の問題を提示した。要は、かれは自由を倫理の中心にすえることによって、規範理論をつくることを目指した、ということである。

晩年のフーコーはカントに似ている。かれらが自由を自律と規定したことは、全体と個人という二元論を克服したかったからにほかならない。たしかに、精神の内部での理性の実践に自由を閉じたカントと、出来事の歴史のなかで多様な自由として開いていくフーコーとの差異はあった。しかし、フーコーはカントの『啓蒙とは何か』という著作に注目した。この著作で、カントは「今とは何か」と問うている。このことはカントのいう「成熟」が、単に全体のシステムと妥協するもの解かりの良い大人になれといっているのではなく、全体の状況や、自分がどのような立場に置かれているのかを認識し、どのような技法を用い、何をなすべきかを考え、何が目的かを十分自覚していること、つまり、理念のなかではなく、実際の歴史のなかで自己を主体として作り上げる行為のことである。ここに、フーコーはマルクスやウェーバーにつながるカントをみるのである。いずれにしてもフーコーは「カントの「啓蒙とは何か」という問いを持続させ、追求し続ける」ことを主張する。[54]

ただしフーコーの自由は、「権力ゲーム」や「真理ゲーム」のなかで描かれる自由であり形式的な自由である印象は否めない。そのことをライクマンは次のように指摘する。

フーコーの哲学は、したがって、規範的でも単に記述的でもないのである。それは誘因であり、導火線であり、挑戦である。それは冒険であって、保証されたもの、指示されたもの、確保されたものではない。つねにそれは終わりを欠いたままである。[55]

要するに、フーコーの権力論は形式至上であるため、規範理論とはなりえないことが謳われている。それは状況に火を着けはするが、状況を引き受けないという印象を与える。フーコーはこの後、自由と倫理とを連接させ、自己の規範としての理論を目指し、知識人（フーコー自身）のとるべき態度を明確にしようとした。

（1）M. Foucault, *Histoire de La Sexualité 1. La Volonté de Savoir*, Gallimard, 1976, p.111.（渡辺守章訳『知への意志』新潮社、一九八六年、一一〇頁）
（2）Ibid., p.113.（邦訳、一一一頁）
（3）M. Foucault, L'Éthique du Souci de Soi Comme Pratique de la Liberté, 1984, *Dits et écrits*（以下 *Dé* と略記）*IV*, Gallimard, 1994, p.729.（山本学訳「自由のプラチックとしての自己への配慮の倫理」『最後のフーコー』三交社、一九九〇年、五六頁）
（4）M. Foucault, *Histoire de La Sexualité 1. La Volonté de Savoir*, p.123.（邦訳、一二一頁）
（5）M. Foucault, Le Sujet et le Pouvoir, *Dé IV*, p.239.（「主体と権力」『ミシェル・フーコー――構造主義と解釈学を超えて』山形頼洋ほか訳、筑摩書房、一九九六年、三〇三頁）
（6）M. Foucault, *Histoire de La Sexualité 1. La Volonté de Savoir*, p.124.（邦訳、一二一頁）
（7）Ibid., p.124.（邦訳、一二二頁）
（8）M. Foucault, L'Éthique du Souci de Soi Comme Pratique de la Liberté, *Dé IV*, p.720.（邦訳、四〇頁）
（9）M. Foucault, *Histoire de La Sexualité 1. La Volonté de Savoir*, p.124.（邦訳、一二二頁）
（10）M. Foucault, Le Sujet et le Pouvoir, *Dé IV*, p,240.（邦訳、三〇三頁）
（11）M. Foucault, *Histoire de La Sexualité 1. La Volonté de Savoir*, p.125.（邦訳、一二二－一二三頁）
（12）Ibid., p.125.（邦訳、一二三頁）
（13）M. Foucault, Le Sujet et le Pouvoir, *Dé IV*, p.221.（邦訳、三〇一頁）
（14）M. Foucault, L'Éthique du Souci de Soi Comme Pratique de la Liberté, *Dé IV*, p.721.（邦訳、四〇－

四一頁）
(15) ニーチェ『権力への意志』下〈ニーチェ全集〉原佑訳、理想社、一九六二年、一七八頁。
(16) M. Foucault, Le Sujet et le Pouvoir, *Dé IV*, p.241.（邦訳、三〇五頁）
(17) M. Foucault, L'Éthique du Souci de Soi Comme Pratique de la Liberté, *Dé IV*, p.728.（邦訳、五四頁）
(18) M. Foucault, *Surveiller et Punir, Naissance de La Prison*, Gallimard, 1975, p.144.（田村俶訳『監獄の誕生』新潮社、一九七七年、一四四頁）
(19) M. Foucault, *Histoire de La Sexualité 1. La Volonté de Savoir*, p.133.（邦訳、一二九頁）
(20) M. Foucault, L'Éthique du Souci de Soi Comme Pratique de la Liberté, *Dé IV*, p.728.（邦訳、五四頁）
(21) Ibid., pp.710–711.（邦訳、二〇頁）
(22) L. Althusser, *Pour Marx*, François Maspero, 1965, p.185.（河野健二／田村俶／西川長夫訳『マルクスのために』〈平凡社ライブラリー〉一九九四年、三二三頁）アルチュセールは、マルクスがフォイエルバッハの人間主義、イギリスの古典派経済学、フランスの社会主義という素材（〈一般性Ｉ〉）を、弁証法という生産手段（〈一般性Ⅱ〉）を用いて、歴史と社会の理論（史的唯物論－〈一般性Ⅲ〉）を創りあげたと考えた。ここで〈一般性Ｉ〉と〈一般性Ⅲ〉の間には認識論的切断があるとした。
(23) M. Foucault, Cours du 14, Janvier 1976, *Dé III*, p.179.（「一九七六年一月一四日の講義」『ミシェル・フーコー思考集成Ⅳ』久保田淳ほか訳、筑摩書房、二〇〇〇年、二四三頁）
(24) Ibid., p.183.（邦訳、二四八頁）
(25) M. Foucault, Le Sujet et le Pouvoir, *Dé IV*, p.241.（邦訳、三〇四－三〇五頁）
(26) 「フーコーの議論は、人間の存在が、これを統治し統制する権力諸技術によって完全に取り囲まれてしまった、というものではありません。」（バリー・スマート『ミシェル・フーコー入門』山本学訳、新曜社、一九九一年、一七二頁）

（27）M. Foucault, L'Éthique du Souci de Soi Comme Pratique de la Liberté, *Dé IV*, pp.718-719.（邦訳、三六頁）

（28）「フーコーは、この近代特有の人間概念がどのように近代の権力のシステムと結びつくのか、その説明を一切与えていない。」（G・ガッティング『理性の考古学――フーコーと科学思想史』成定薫ほか訳、産業図書、一九九二年、三四五頁）

（29）M. Foucault, *Surveiller et Punir, Naissance de La Prison*, p.34.（邦訳、三〇頁）

（30）Ibid., pp.181-182.（邦訳、一五八頁）

（31）M. Foucault, Le Sujet et le Pouvoir, *Dé IV*, p.227.（邦訳、二九二頁）

（32）Ibid., p.226.（邦訳、二九〇頁）

（33）M. Foucault, Omnes et Singulatim, *Dé IV*, p.135.（田村俶訳「全体的かつ個別的に」『現代思想』青土社、一九八七年三月号、五七頁）

（34）M. Foucault, *Histoire de La Sexualité 2. L'Usage des Plaisirs*, Gallimard, 1984, p.10.（田村俶訳『快楽の活用』新潮社、一九八六年、一一頁）

（35）M. Foucault, *Histoire de La Sexualité 1. La Volonté de Savoir*, p.40.（邦訳、三八頁）

（36）Ibid., p.39.（邦訳、三八頁）

（37）Ibid., pp.41-42.（邦訳、三九－四〇頁）

（38）カント『純粋理性批判』中、篠田英雄訳、岩波文庫、一九六一年、二三五頁。

(39) カント『実践理性批判』波多野精一ほか訳、岩波文庫、一九七九年、一四七頁。
(40) カント『純粋理性批判』中、二二六頁。
(41) 同上、二〇七頁。
(42) カント『純粋理性批判』下、篠田英雄訳、岩波文庫、一九六二年、九五頁。
(43) カント『人倫の形而上学の基礎づけ』〈カント全集第七巻〉深作守文訳、理想社、一九六五年、四五〇頁。
(44) カント『純粋理性批判』中、二〇七頁。
(45) 「このように、〈折り目〉(経験的＝先験的二重体)のなかで先験的機能は、その有無をいわせぬ網の目によって、経験的領域の動かぬ灰色の空間を覆い隠しにくる。」(M.Foucault, *Les Mots et les Choses*, Gallimard, 1966, p.352, 渡辺一民/佐々木明訳『言葉と物』新潮社、一九七四年、三三六頁)
(46) M. Foucault, Le Sujet et le Pouvoir, *Dé IV*, p.238. (邦訳、三〇二頁)
(47) M. Foucault, L'Éthique du Souci de Soi Comme Pratique de la Liberté, *Dé IV*, p.729. (邦訳、五六頁)
(48) M. Foucault, La Folie, l'Absence d'œuvre, 1964, *Dé IV*, p.415.
(49) M. Foucault, L'Éthique du Souci de Soi Comme Pratique de la Liberté, *Dé IV*, p.725. (邦訳、四八−四九頁)
(50) M. Foucault, Espace, Savoir et Pouvoir, 1982, *Dé IV*, p.276.
(51) M. Foucault, L'Éthique du Souci de Soi Comme Pratique de la Liberté, *Dé IV*, p.721. (邦訳、四〇−四一頁)
(52) M. Foucault, *Histoire de La Sexualité 2. L'Usage des Plaisirs*, pp.10–11. (邦訳、一一頁)

（53） Ibid., p.11.（邦訳、二一頁）

（54） M. Foucault, Structuralism and Post-Structuralism, *Dé IV*, p.438.

（55） J. Rajchman, *Michel Foucault : The Freedom of Philosophy*, Columbia University Press, 1985, p.123.（田村俶訳『ミシェル・フーコー——権力と自由』岩波書店、一九八七年、二二九頁）

第七章　倫理とエロス

フーコーは構造主義的全体論から自由な抵抗する主体を描くため、「自己と自己との関係」として、倫理の問題を提示した。それは、「善ー悪」という基準や良心の問題としての倫理ではない。あくまでも主体は権力の技法によって構成されるものであったが、フーコーはそれとは別のかたちで、別の技法で主体を構成する必要を痛感した。それは自分自身を根拠に自己を構成する技法である。

本来、権力の技法によって構成される主体は、権力を批判し、抵抗する主体になりえるのか、という問題がのこる。そのため、自由を根拠にした抵抗する主体をどうしても描く必要があった。フーコーはそれを、古代ギリシアやヘレニズム期、古代ローマ時代の主体の構成の系譜から引き出そうとした。それは、同時に主体を侵犯する自己、すなわち科学的論理で分析しえないエロスを根拠とする主体になる。

一　自己のテクノロジー

フーコーは自己の研究をかえりみた時、おおよそ三つの軸に沿ったかたちで研究をすすめてきたことを吐露している。それらは言説のなかで知と真理が結びつく有り様を歴史的に分析した知の軸であり、次に、言説や知や身体は権力の網の目に貫かれていることを示した権力の軸であり、最後に、諸個人が自己をどのような技法によって主体として構成するのか、という倫理の軸であった。フーコーは、晩年こうした三つの軸が顕著に交わる領域として〈性〉を選んだ。しかし、知の軸と権力の軸においては、研究はうまくすすんだが、倫理の軸にきて「この一連の研究は、わたしが予想している以上に手間取ってしまい、すっかり別のかたちになっているように思われる(1)」という事態に陥った。

フーコーはもともと、近代において、性は隠されたり、秘密にされたり、抑圧されたりしてきたものとは考えていなかった。それとは逆に、性は赤裸々に語られ、知や言説のなかに刻みこまれ、告白を旨とする権力の装置のなかで性的欲望は生みだされた、と考えた。つまり、セクシュアリテの装置は出生、病気、健康に配慮する「生-権力」のなかにすっぽりと収まる構図のなかで描かれた。しかし、「個々人が自分を《性》の主体として認識しなければならなかったような(2)」様式を研究することはおおくの困難をフーコーにもたらしたのである。

もともとフーコーは、近代のセクシュアリテの歴史を描いた『性の歴史』第一巻（『知への意志』）

以後、次のようなプランで研究をすすめようとしていた。つまり、二巻として『肉欲と身体』を著し、近代以前のキリスト教の告解の技法と、身体に集中した近代の権力との関連を描こうとしたし、第三巻として『少年十字軍』を著すことによって、近代において子供を標的にしたセクシュアリテの装置が考案されたことを描写し、第四巻の『女、母、ヒステリー患者』において、女の身体を病理学と結びつけ、それの陰画として「良妻賢母」を創りだすセクシュアリテの装置を描き、第五巻として『倒錯者たち』を書き、性を正常と異常に分け、異常の部分を語らせ、分析し、矯正する技法が編み上げられたことを論じ、第六巻の『人口と人種』では、上記の技法がことごとく国家を介在にした「生－権力」のプランのなかに収められ、このプランのうえに優生学や人種主義がうちたてられたことを論述する予定であった。フーコーにとって、こうしたプランのうえに浮かびあがるのは、人々の心のすみずみにまで配慮し、管理する「生－権力」（司牧権力と統治性）の問題であった。

しかし、近代のセクシュアリテの装置や技法をいくら積み重ねてみても、これらの装置や技法にからめとられた主体があるばかりで、「抵抗する主体」はなかなか見えてこない。いわばこれらの装置や技法のなかで育まれた主体は、知の軸や権力の軸に沿って編み上げられた主体であり、フーコーが必要としたのは、これら二つの軸とは違う倫理の軸であった。つまり……

真理のさまざまな働きを、それらの相互関係において――十七世紀および十八世紀における経験諸科学のいくつかの例として――研究したのちに、さらには処罰の実践の例として、権力の諸関連とのかかわりにおいて真理の働きを研究したあとで、もう一つ別の仕事が是非とも必要だと思われたのである。つまり自己と自己との関係における真理の働きと、主体としての自己自身の構成とを研究し、《欲望本位の人間の歴史》とでも呼びうるものを、準拠の領域ならびに探究の分野とする、ということであった(3)。

すぐれたフーコーの倫理論を展開したバーナウアーは、フーコーのこうした移動を「知を取り込み、権力を行使する統治の様式を批判する倫理の構成に立ちあう(4)」ことだ、とする。つまり、近代において、知のなかで人間と真理が結びつけられ、主体は透明な理性をもった「主体」となり、はたまたその陰画としての有限なる「主体」として描かれた。また、病院、学校、工場、兵舎、監獄で、身体に行使される規律権力という権力行使の諸技術が考案され、これらの諸技術の標的としての主体が論じられた。そして、諸個人の心のすみずみにまで配慮し、欲望を生み出す告白を旨とした司牧権力が編み上げられ、こうした知と権力の諸技術を国家のもとに総合した統治性の問題が呈示された。しかし、こうした知や統治性の諸技術のもとに構成された主体は、構造によって規定された時計仕掛けのような主体となってしまい、抵抗する主体は希薄であった。バーナウアーは、フーコーが倫理に向かったのは、こうした統治性の様式を批判する主体、つまり「抵抗する主体」を描きたかったからだ、と考えたのである。

フーコーは、主体がある種のテクノロジーによって構成されると考えていた。そしてかれはテクノロジーを次のような四つの型に分類する。つまり……

こうした考察の文脈のなかに、これらのテクノロジーになっている四つの型に分かれ、それぞれが合理的行為の母型になっていることをみいださねばならない。すなわち、(1) 生産のテクノロジーであり、そのおかげで我々は物を生産し、変形し、取り扱うことができるのである。(2) 記号体系のテクノロジーであり、記号、意味、象徴、意味作用を使うことを可能にしている。(3) 権力のテクノロジーであり、個々人の行為を決定し、かれらをある目的や支配に服従させ、主体を客体として取り扱う。(4) 自己についてのテクノロジーであり、単独であれ、他人の力を借りるのであれ、自己の身体と魂、思考、行為、存在様式に働きかけ、幸福、純潔、思慮深さ、完璧、不死などの状態に達するために、自らを変革することを可能にする。(5)

もちろんこれらの諸技術は、単独で存在しているわけではなく、それぞれが絡み合って存在しているのは当然のことである。たとえば、マルクスは生産のテクノロジーと権力のテクノロジーを中心に分析したであろうし、言語学や記号論は、記号体系のテクノロジーを中心に展開されたといえる。そしてフーコーは、自分の研究の主な対象であったのは、三番目の権力のテクノロジーと、四番目の自己のテクノロジーであったが、かれの研究は、ともすれば権力のテクノロジーに集中し、自己のテクノロジーについての研究まで届かなかったことを、吐露している。すなわち、「わたしは、支配と権力の諸技術を強調しすぎていたかもしれない(6)」とし、自己のテクノロジーに自身の研究の重心を移さねばならないことを痛感していた。

フーコーの「主体の構成」は、あきらかにアルチュセールの「科学的理論の生産過程」の文脈に重なっていた。フーコーの「主体の構成」をアルチュセールの方法にあてはめてみれば、次のようになる。つまり、欲望をもち、微細な権力の諸情況のなかにある個々人（〈一般性Ⅰ〉）が、諸技術、諸装置、さまざまな知の形式などのテクノロジー（〈一般性Ⅱ〉）を使って、自らを主体（〈一般性Ⅲ〉）として構成するというプロセスである。大事なことは、フーコーは〈一般性Ⅱ〉にあたるテクノロジーのところに、生産、記号、権力という三つのテクノロジーとならんで、自己のテクノロジーというものを考案した、ということである。フーコーはとくに権力のテクノロジーを研究したのであるが、権力のテクノロジーと自己のテクノロジーとの関係を論じることを巧妙に回避している。じっさい、自己のテクノロジーと考えられたものが、見方を変えれば権力のテクノロジーであったり、その逆であったり、これら二つのテクノロジーを確実に判別することは難しい。

いずれにしてもフーコーは、今日の社会できわめて重要になってきている自己のテクノロジーの例を提示する。かれは、それを《生存の技法》と名づけ、次のように定義した。

そのプラティックの総体とは《生存の技法》と名づけてよいものである。それは熟慮や意志にもとづくプラティックであると解されなければならず、そのプラティックによって人々は、自分に行為の規則を定めるだけでなく、自分自身を変容し個別の存在として自分を変えようと努力する主体、自分の生を、ある種の美的価値をになう、また、ある種の様式基準に応じる一つの営みと化そうと努力するのである。(7)

ここには権力のテクノロジーと一線を画する自己のテクノロジーが、謳いあげられている。たしかに、フーコーは権力のテクノロジーと自己のテクノロジーとを明確に区別する根拠を提示してはいない。しかし、わたしなりに整理すると、次のようになるだろう。すなわち、権力が「他の人々の行為を決定したい」という欲望であるのならば、そのテクノロジーはこうした欲望を実際化する技法のことである。他方、自己のテクノロジーは、「人間存在が自分は何であるのか、自分は何をなすのか、そして自分が生きる世界を《問題構成する》、その場合の諸条件を規定する」(8)ようなテクノロジーである。要は、他者との関係で自己を実現する権力のテクノロジーと、自分が自分を主体として構成する倫理のテクノロジーとの違いがある。実際の主体はこれらのテクノロジーを含めて、さまざまなテクノロジーが混在したものであり、そのなかの一つによってのみ構成されているということはありえない。

人間は、生産のテクノロジー、記号のテクノロジー、権力のテクノロジー、自己のテクノロジーのすべてによって、主体として構成されている。つまり、わたしたちは主体として自己を構成する際、なんらかの「外」にある手段（テクノロジー）を用いて、自己を実際化するし、社会のなかで実際化される。フーコーは、これらのテクノロジーから、権力のテクノロジーを集中的に研究したが、こんどは、権力のテクノロジーと一線を画し、これを批判する倫理のテクノロジーを考案したということである。そして、自己のテクノロジーが目指す主体は、常に変革を志向する啓蒙的主体であり、自由を根拠にした抵抗する主体であり、自己を芸術作品につくりあげる審美的な主体でもある、とフーコーは構想した。

いずれにしてもハーバーマスはフーコーの理論に対して、それは価値を抜きとった形式本位の理論である以上、規範概念が不在となり、「なぜわれわれは権力に服従せず、抵抗しなければならないのか」という問いに対して答えられない、と批判した。こうした問いに対する答えとして、フーコーは自己のテクノロジーを提示した、ということである。そのことを、かれは以下のように論じている。

最近の解放運動は、新しい倫理を構築するための基礎となる原理をみつけだすことに苦慮しています。必要なのは倫理であるのに、私とは、欲望とは、無意識とは何かということについて、いわゆる科学的認識を基礎にした倫理以外の倫理はみつけられずにいます。(9)

つまりフーコーは、現代社会における解放運動や支配への抵抗において、抵抗の基礎となる原理が不在であり、その基礎は新しい倫理観、すなわち《生存の技法》の構築にもとめられなければならないことを、示唆していた。

こうした自己のテクノロジーというものを、フーコーはアメリカでのゲイの文化の体験のなかにみいだした。そこには自己を包み隠さず語り、同性愛を肯定し、自分たちの生き方を美にまで高めていく独特の文化があった。フーコーはもはや晩年には、自分が同性愛者であることを認めており、ゲイについて次のように発言している。

わたしが言いたいことは、ゲイを選ぶということは、生の様式を新たに創り出すことであらねばならないということです。ゲイであるということは、次のことを意味します。つまり、ゲイを選ぶことは、人生全体に関わることであり、また既存の生の様式を拒絶する方法でもあり、さらにはこうした性の選択が、存在の様式を変えてしまう操作子となることを意味します(10)。

ここでフーコーが言いたいことは、ゲイは新しい生の様式を築く行為であり、存在の様式を変革するような自己のテクノロジーに関わっているということだ。かれは「必要なことは同性愛であることではなく、ゲイであるということにこだわり続けることである(11)」と述べるが、このことはゲイが存在の様式に関わる文化(セクシュアリテ)の領域の運動であるのに対して、同性愛は具体的な性の営みに関わることを意味している。そしてフーコーは、具体的な性を超えて、新しい《生存の技法》を編み上げていく文化の創出こそが、抵抗する主体の根拠となることを実感していた。

ともあれフーコーは、近代におけるセクシュアリテの分析のなかで、「性的な営みの展開ではなく、真実を告白する義務と性に関わる禁忌とのつながりの歴史的研究[12]」を軸に据えた。つまりかれは、近代において、裁判所、教室、精神病院で性を赤裸々に語らせ、そのことによって性を巧妙に管理する事態と、中世におけるキリスト教の修道院のなかで、修道僧が院長に対して、ありのままの真実（欲望）を告白し、自己を放棄することとが、同じ文脈にあると考えた。一方は性（欲望）を巧妙に管理することが目指され、他方は肉欲の放棄が求められるという違いはあるが、双方とも、自己を解釈し、真実を語るように煽動する技法に裏うちされた主体の構成の技法なのである。そしてフーコーは、「自己の解釈学」とよばれるテクノロジーの研究に向かい、その源流をキリスト教に求めることになる。

かれはもともと、自己を解釈し、自己に配慮し、自己を統治するテクノロジーの源流はキリスト教にあると考えていた。しかるに、研究をすすめるうちに、キリスト教以前の古代ギリシアやローマには、「自己の解釈学」とならんで自己に配慮し、自己を統御し、自己を磨く《生存の技法》が存在したことに気がつく。そしてかれは、こうした「自己への配慮」を旨とした《生存の技法》こそが、あのゲイの文化の《生存の技法》を考察する土台になる、と考えるに至る。かくしてフーコーは、当初の近代のセクシュアリテについての研究のプランを変更し、「抵抗する主体」の根拠となるはずである自己のテクノロジーの源流を求めて、古代ギリシアやローマの歴史に旅立つことになるのである。

二　快楽の活用

フーコーは、『性の歴史』の第二巻として『快楽の活用』を著した。この著作では、まず古代ギリシアのアフロディジアという概念を提示している。かれはアフロディジアを「ある種の形式の快楽を与えてくれる行為や身振りや接触である[13]」と定義する。フーコーによると、古代のギリシア人は、中世のキリスト教徒や近代の人間のように、性を告白の対象とするほど性を重要視していなかったが、さりとて関心のない問題というわけでもなかった。大事なことは、ギリシア人はこうしたアフロディジアを、道徳とセットで考えた、ということである。つまり、「アフロディジアの経験がいかに自然なもの、さらに当然なものでさえありえても、やはりその経験は、ある道徳的配慮の対象なのであり、その経験をどの程度、いかなる限度まで実際に行なうのが適切であるのかを決定させる範囲の限定をもとめている[14]」のである。要するに、ギリシア人はアフロディジアをとおして、性は倫理的配慮の対象となる、と考えていた。

ではギリシア人は、どのようにアフロディジアを道徳的領域のなかにとりこんでいくのか、フーコーはその過程を、クレーシス（活用）、エンクラティア（克己）、ソフロシューネ（節制）という三つの義務の様式で説明する。まず、クレーシスについてはこうである。ギリシア人は、性活動を悪だとは考えていなかった。したがって、性を外から禁止する規範をつくるよりも、「ある《活用》の諸条件と諸方式を入念に磨きあげることをいっそう目指す[15]」ことが求められた。したがって、欲望や性的行為を禁止することが問題なのではなく、その際の「慎重さと思慮と計算が問題となる[16]」のである。そのためには快楽を適度に制御し、適切な時機をみはからい、自分の地位や身分を考慮しながら、活用しなければならないという「処世術」（自己のテクノロジー）が肝要となるのである。

次に、エンクラティアについてであるが、それは「個人が節制をわきまえる人となるために自分自身に対して行なうべき働きかけや抑制の形式である[17]」とされる。そのためには、快楽や欲望と闘うことによって、自己の支配力を確立すべく、そのために「己に闘いをいどみ」、その結果、節制という徳を獲得することが目指される。こうした徳による節制をわきまえた人は「もはや欲望をもたない人のことではなく、欲望をいだくとしても《適度にであり、楽しむべき以上に楽しまず、楽しんではならないときは楽しまない》人である[18]」、と考えられていた。すなわち、ここでは、快楽（欲望）は抑圧し禁止するものではなく、うまく付き合い、制御する対象と考えられていた。そして、ギリシア人は、こうした徳を獲得するために、魂の訓練である《鍛錬》を考案したのである。

最後に、ソフロシューネについては「統御の訓練によって、また快楽の実践における慎ましさによって到達したいとされる状態たるソフロシューネ（節制）は、一つの自由状態として特徴づけられる[19]」とフーコーは述べる。ここで言う自由とは快楽の奴隷にならないという意味での自由であり、こうした自由は自己への支配力によって保証されている。すなわち、「自分の欲望を思いのままに用いてよい可能性が与えられるときに、自分自身の欲望を自分から統御できる主人こそは、ギリシア人の思索にとって、いっそうみごとに、本来的な意味における節制の徳というものの範例を表現する[20]」ということである。

クレーシス、エンクラティア、ソフロシューネは人を倫理的義務にかりたてる三つの様式であり、アフロディジアが倫理的実体を表わしているのならば、これら三つの様式は倫理的実体の輪郭を形づくっている。では、快楽を活用し、そのため自己を支配し、自由な主体となるプロセスが収斂する目的は、何なのか。それは、自己を「美しい存在」として組み立てることである。つまり、「もし個人が美しい存在でありたいのならば、よい評判を望むのならば、他人を支配する資格があると思いたいのならば[21]」、これらの義務を実行する必要がある、ということになる。フーコーがここで強調することは、美しい存在への選択は政治的選択とつながっている、ということである。つまり、美しい主体であるからこそ、人々から尊敬を集め、他者の支配を周囲に認知させ、政治的立場を保証してくれるのである。したがって、自己を主体として構成する義務の様式は政治的・美的選択に収斂するのである。

さて、こうした義務を実行し、実現するために、ギリシア人たちはさまざまな技法（テクネー）を編み上げた。フーコーが最初に挙げたのは「養生術」というテクネーであった。古代のギリシア人は、過度な性的営みは人の身体を危険に陥れる、と考えており、養生術は愛欲の営みの濫用を節制し、欲望を制御し、身体に配慮することによって自己を主体として構成する一つの技法だ、と考えられた。すなわち、それは「通常の活動を、健康の目標と同時に道徳の目標にする配慮であり、身体とそれをとりまく諸要素とのあいだに、情勢についての戦略を定める配慮であり、しかも最後に、個人自身を合理的な行為で武装させることを目指す配慮である[22]」ということである。

次に、「家庭管理術」が挙げられる。そもそも、古代ギリシアでは愛欲の行為は悪徳や罪に結びつけられていなかった。キリスト教では婚外での愛欲の行為は、悪徳や罪に結びつけられ、断罪された。それに反して、デモステネスの「遊び女は快楽のため、妾は日常の世話をするため」に存在するという発言は、婚外での性の営みに寛容であったギリシアの社会をうかびあがらせる。

古代ギリシアでは、夫婦の関係はきわめて不均等であり、男性優位の慣習が確立されていた。そこでは、女性は「正式な子供をつくって家庭の忠実な守り手」となる存在として位置づけられた。女性は法的・社会的義務につなぎとめられ、その性活動は婚姻関係のなかに限定されていた。それに対して、男性は性的には拘束されず、婚外の性活動も一応自由であったが、それは美徳とはされなかった。妻の義務は法的かつ社会的に確定されており、夫への貞節を守り、嫡子を産み、家庭を守ることであったのに対し、男性の義務は、女性にこうした義務を守らせることであった。そのために、夫は自己を統治し、婚姻外での性行為を慎しみ、妻を支えることが必要となる。こうした夫の節制の義務は、なんら法的・社会的な拘束をうけておらず、ただ、「自分の評判、自分の幸運、他の人々との関係、国家のなかでの自分の威光、美しく良い生活を送りたいという自分の意志[23]」のためだけに、行なわれる。それは、法や社会を根拠にした権力のテクノロジーではなく、自己に根ざした自己のテクノロジーなのである。

最後に「恋愛術」についてフーコーは語っているが、ここでは男女の恋愛が語られているのではなく、成年男子と若者（garçon）との同性愛（若者愛）が論じられている。キリスト教社会では同性愛は自然に反する行為として禁止の対象であった。それに対して古代ギリシアでは、男であろうが女であろうが《美しいもの》に対する愛は等しいものであった。男同士の同性愛は、しばしば行なわれていたが、ギリシア人にとっては不安の対象でもあった。強い誘惑に魅了され、堕落と不品行にはしる不安であるが、それとパラレルなかたちで、自己を抑制し、快楽を統御することがもとめられた。したがって、男同士の同性愛は法的に禁止されていたわけでもなければ、社会的に非難されることもなかったが、きわめてつよい道徳的関心の対象であった。

フーコーは「《家庭管理術》と《養生術》においては、ある男性の自発的な抑制は本質的には自己との関係に立脚していた。《恋愛術》においては、ゲームはもっと複雑である」[24]とする。成人男子と若者との同性愛(若者愛)において、二人の関係にはどのような身分関係や社会的地位も通用しない、いわば権力のテクノロジーが通用しない自由な関係がとり結ばれる。そして二人の関係は、こうした開放された自由な空間でのゲームとなる。この空間では、「愛する男性の自己統御が含まれ、愛される男の自己に関する支配関係をつくる能力が含まれ、二人がお互いについて、それぞれ慎重な選択を行なうに際して、節度ある態度どうしの関係が含まれている」[25]のである。ここには、二人の関係という複雑さを呈しながらも、お互いが、自己を統御することを前提にしている倫理的な関係が存在し、そのかぎりで、自己のテクノロジーが働いているのである。

ここまでを総覧すると、フーコーは、アフロディジアがそれに対する限度や制約や適度さが定められて、初めてアフロディジアとなるとし、そのかぎりで、そこでは《自己を統御する》倫理的態度が要求されている、と考えていた。そういう意味でアフロディジアは倫理的な本質であった。こうしたアフロディジアを道徳的領域で輪郭づけるのは、快楽をうまく活用するクレーシス、欲望を克服し、自己を統御するエンクラティア、快楽をコントロールするためのソフロシューネである。そして具体的にアフロディジアを実際化し、個々人を倫理的主体に仕立て上げるテクノロジーとして、身体に対する配慮である「養生術」や、夫婦間での夫の自己統御を要求する「家庭管理術」や、若者愛においてお互いの自己統御を要請する「恋愛術」が編み上げられた、ということである。

自己を統御し、自己を創りあげる「自己のテクノロジー」は上記の三つだけにはとどまらなかったであろう。またこれら三つのテクノロジーが描く主体もそれぞれ微妙に異なったであろう。いわばテクノロジーの数だけアフロディジアがあるという多様性があった。しかし、やがてギリシア人はこうした多様性を一つの普遍性に纏めあげようとする。「今や問題は真理との関係である」[26]ということであり、欲望は真理と結びつけられる。こうした欲望と真理との関係をフーコーは「真の恋」というテーマで取り扱う。

ここでも若者愛がとりあげられ、そのなかで真の恋とは何かが問われる。たとえば『饗宴』や『思いで』でクセノフォンが描くソクラテスは、「魂の恋と肉体の恋との間に厳密な分割線を引き、肉体の恋にはそれ自身において価値剥奪を行ない、魂の恋を真の恋」[27]とした人物として描かれた。またプラトンは、肉体の恋と魂の恋をはっきりと分別はしなかったが、下位にある肉体の恋から上位の魂の美しい恋に移行すると考えていた。いずれにしても、本当の恋が対象とするのは肉体ではなく魂であり、魂のなかで欲望と真理が結びつけられるのである。

そして、ここでギリシア人のエロスは大きな転換点を迎えるのである。つまり、《口説きの術》を駆使して、お互いが相手の自由を尊重し、節制のもとに関係する「恋愛術」から、精神的鍛錬によって支えられた魂のエロス（真理）へと移行したのである。本来、節制を旨とする自己のテクノロジーに基づく生活は、すべてが穏和で、苦痛も穏やかであり、快楽や欲望も激しくない中庸の生活であった。しかし、欲望が真理と結びつけられて以降、人は魂のなかで真理をめぐって欲望と格闘することを余儀なくされる。そして、真理に結びつけられた欲望という系譜は、ローマ時代の「禁欲の強化」をへて、自己を解釈し、魂を浄化し、肉欲と戦うキリスト教の道徳へとつながっていくのである。また、快楽はほどほどに付き合っていくものから、罪や悪に結びつけられた快楽になる。

価値を排除したフーコーはおくびにもださないが、わたしは、魂の真理を論じたソクラテスやプラトンに関するフーコーの見解と、『悲劇の誕生』におけるニーチェの形而上学批判（ソクラテスへの批判）を、どうしても重ねてしまう。いずれにしても、ギリシア時代の快楽は、真理と結びつけられる局面はあれども、適度につきあうものであり、そのためには節制による自己統御という倫理的態度が要求されたのである。

三　自己への配慮

次に、フーコーはヘレニズム期やローマ時代を取り扱った『自己への配慮』（『性の歴史』第三巻）を著した。この時代、夢は現実の一つの表徴と考えられており、夢は「未来のお告げ」であり、「夢の分析は生活技術の一部であった」。そして、夢の分析は「何故そのような夢をみたのか」ということの追及を伴い、自己の解釈を要求する。

紀元二世紀のアルミテドロスは性の夢の分析において、法に合致するか否か、自然に合致するか否かで分類するが、その基準は決して法的な禁止や普遍的規則によるものではなかった。つまり夢の分析は「それらは多かれ少なかれ規則的な形式に従って考察される性行為から始めるのではなくて、その行為者を、かれの存在様式を、かれの固有の状況を、かれの他者との関係を、そして他者に対して占めるかれの立場から始める(28)」ということである。ここで言う「規範的な形式」とは権力に支えられた法や普遍的な自然を基準とした規範のことであり、夢はこうした法や規範によって分析されるものではなく、あくまでも自己とその周りの社会関係との関連での「吉か凶か」によって分析されるものであった。すなわち、ある性行為の夢は、自分の職業や、財産や、社会的地位や、友人関係における吉凶を表わし、性行為は人の存在様式や活動様式に関連づけられて考察された。

フーコーは、こうした夢判断が、ある倫理を表明しているのでなく、行為者の社会における自分の役割に反映しているという点で、他者の支配を周りに認知させ、政治的・社会的立場を保証する古代ギリシアの自己統御の技法が投影され続けており、紀元前四世紀から変化は多くみられない、とした。しかし、変化もある。それは、快楽の濫用が一層警戒され、婚姻関係が以前にもまして強化され、若者愛へのまなざしが弱まったことである。いずれにしても性は権力や真理に結びつけられて論じられず、自己との関係において考察されていた、ということだ。

しかしフーコーは、同じ時代に（ローマ帝政初期）、真理という普遍的原理に貫かれた《自己の陶冶》という生活術が編み上げられたとも論じる。これは徹底して自己に配慮し、自己に専念することにより自己を支配する技術であり、その目的は魂の動揺のない、平安な状態を創りだすことであった。こうした《自己の陶冶》における「人間は自由で理性をもつかぎりで、自然のなかで、自分自身に対する配慮に委ねられた存在[29]」として位置づけられた。つまり、人間は理性によって自然から与えられた能力を完璧なものにしうる存在であり、自己を統御する際、こうした理性を根拠にする存在である。

この《自己の陶冶》において、快楽に対してより厳しい規制が生みだされたようにみえるが、それは自己統御の根拠に変化が現われたからである、とフーコーは考える。すなわち「未だに、あいも変らず性道徳が要請しているのは、存在の美学的で倫理的な基準を定める、あの生活技法への個人の服従であるが、この技法は、自然もしくは理性という普遍的原理に、つまり社会的地位はともかくとして、すべての人が同じ方法で服従する原理に、準拠している[30]」のである。要するに、《自己の陶冶》における自己統御の技法は、古代ギリシアと同じような倫理的・美学的なものであるが、その根拠は自然や理性という普遍的原理に変化した、ということである。

古代ギリシアでは、他者からの自分の認知や他者への支配の認知を受けんがため、自己を統御し倫理的主体とし、美しく生きることによって美的主体に仕立てたが、ローマ人はあまねく人々を倫理的・美的主体としたかったため、こうした主体を自然や真理によって根拠づける必要があったのである。しかし、性的快楽は魂の平穏なる状態をつくるために規制の対象になっただけであり、いまだ悪や罪に結びつけられてはいなかった。

フーコーは、アフロディジアに関する分析と同様、身体、結婚生活、若者愛のテーマをとりあげる。身体についての分析は、次のようなものであった。すなわち、帝政初期において、性行為は種を保存するためのものであり、性的快楽は自然なものと考えられていたが、その半面、過度の性活動は生命力の喪失から危険視され、やがて病気（癲癇《てんかん》など）に結びつけられ、より一層強い不安の対象となった。つまり、性は両義的なものと考えられていたが、その両義性のうち、どちらかというと、不幸や病に結びつけられた性活動の方が強調された。性的快楽は悪だとは考えられていなかったが、古代ギリシア以上の禁欲をともなう身体に対する配慮（養生）が要請された。

結婚については、古代ギリシアでは夫婦間では男性が圧倒的に有利な不均等な関係を呈しており、家庭は夫の家長としての地位やプライドによって秩序づけられていた。しかし、帝政ローマ時代には、事情は異なる。つまり夫と妻の関係は自然かつ対等な関係になる。ヒエロクロスにとって、「人類は二人一組で生活するようにも、多数で生きるようにも創造された[31]」存在と考えられた。人間は社会で生きる以上、多数のなかで生きるのは、当然のごとく自然な行為とされたが、同時に、夫婦の関係も、自然に準拠した関係とされた。

すなわち「連れあいをもつ生活（夫婦関係）では、お互いが配慮しあい、相互に気配りと好意とを張り合い、連れあいの二人は、傍にいる相手を見たならば進まない二頭立ての家畜（牛馬）に比較されうる[32]」といった具合になる。そして、夫婦関係が自然によって根拠づけられ、その価値が増すにつれ、また、夫婦関係での性的快楽の意義が増すにつれて、若者愛の意義は薄れていくのである。

最後に若者愛についてであるが、古代ギリシアに比較して、若者愛に対する問題関心は圧倒的に縮小される。それはまったく消滅してしまったわけではなく、禁止の対象になったわけでもない。人々の関心が薄れてしまっただけなのである。すなわち「愛が相互性を旨とする快楽によって活気づけられるような絆のなかでは、つまり唯一すべてを統合するあの偉大な絆のなかでは、若者との関係はもはや占めるべき場所もない[33]」ということである。要するに、ここでは純粋で高貴な魂の愛と肉欲本位の下劣な愛というプラトンの構図があり、相互的な異性愛は魂の真理に結びつけられ、若者愛はそこから排除される図式が浮かびあがってくる。そして、魂の真理に裏うちされた純潔性が価値づけられ、それとパラレルなかたちで、均衡のとれた完璧な結婚が考案されたのである。

フーコーはローマ時代の自己へ配慮するというテクノロジーと、古代ギリシアの快楽を活用するテクノロジーとは、同じように欲望を制御し、節制する技法であるという点で、連続していると見られがちであるが、本質的には不連続であるとする。かれは次のように主張する。

この自己に対する技法はもはや、人が溺れてしまうかもしれない欲望の過剰や、自分が他者を支配するために統御せねばならない欲望の過剰に重きをおいていない。この技法が徐々に重きをおくのは、性的活動がかきたてるかもしれない様々な害悪に対する個人の不安であり、また同様に、性的活動を一つの普遍的形式に従わせる必要性である。そして、この形式によって、人は己に結びつけられ、またすべての人間にとっては、この形式は自然や理性に基礎づけられた(普遍的な)ものとなるである。(34)

フーコーが言いたいことは、次のことである。古代ギリシアの自己のテクノロジーもローマのそれもともに欲望の過剰についての統御や抑制を要請し、同じ手法のように見えるが、それは手続き的手法が共通なだけで、それらを支える原理はまったく異なっている。前者は「自分が他者を支配するため」という自己と社会との実利的な関わりを根拠にするのに対して、後者は自然や理性という普遍的概念に根拠を置いている。ここでは自己のテクノロジーを支えている概念の相違による不連続が銘記されている。また、フーコーは古代ローマの《自己への配慮》がキリスト教における技法とも異なるとも論じている。つまり、以後の時代に性的欲望は罪や悪にしばりつけられ、その倫理は法や信仰の規範に準拠するようになるのである。

『性の歴史』以後、フーコーはギリシア・ローマ時代の自己のテクノロジーとキリスト教の時代のそれとの比較検討を行なうようになる。その相違は「《汝自身を認識せよ》が《汝自身に配慮せよ》を凌駕した[35]」ということに尽きる。ギリシア・ローマでは、あくまでも「自己への配慮」が主流であり、「自己の解釈」はそれを下支えする役割しかもたなかった。たとえばプラトンはギリシアにあって、とりわけ「汝自身を知れ」という自己認識を重視した思想家であった。とはいえ、かれは『アルキビアデス』において、「自己自身に配慮すること」を第一原理に据え、自己を認識することを自己への配慮の手段と考えた。すなわち「汝自身を知れ」は自己への配慮を支える二義的なものとして提示されていた。

ヘレニズム期やローマ時代に入ると、自己への配慮が、明確に中心を占めるようになる。そこでは「自ら自己を占有することは、普遍的原理となり」、「自己を気遣うことは、各人の全人生に関わる生存の様式であった」し、自己認識（自己の知識）は自己への配慮を、さまざまな別のタイプの形式（たとえば科学的知識や理論的知識など）とともに、支えるのである[36]。ここでは、自己の生を完璧なものにするために、人は自己を診断する医者になることが義務づけられた。そして、自己についての知識や世界についての一般的知識は、自己を診断する医者の治療の道具となるのである。この自己を統治する技法の手続き的方法は、その後キリスト教に流れ込んでいく。

初期キリスト教は、真理に結びついた教義と、厳格な戒律に基づく義務を人々に課した。それと同時に、信仰とは別種の義務が要請される。つまり、キリスト教は、信仰とは違う、真理について別の義務の形式を要請する。それが各人に要求するのは、自分はだれかということを知ることである。つまり自己自身に何が起こっているのかを見いだし、自分の誤りを認識し、誘惑を認め、欲望を定めることに専念すべしということを要求する。(37)

ここにキリスト教において、教義や戒律に基づく義務と、自己認識に基づく義務とが結びつけられたのである。

こうした自己認識によって改悛が人々に課せられ、改悛は一方で罪を贖い、魂を浄化するが、他方で、それは罪を犯した存在として自己を提示することになる。さらに改悛における魂の浄化は、過去や世界との断絶を意味し、この断絶は殉教者の自己放棄と表裏の関係になっている。

また、古代ローマにおいてセネカは、自分の一日の行動に関する決算報告を自分自身に行なったが、この自己検討の目的は自然の摂理に沿ったかたちで自己の生を完璧なものにすることであり、そのかぎりで自然の摂理に基づくものであった。一方、初期キリスト教の修道院において、同様の自己検討が実施されたが、その目的は服従であった。つまり、「修道士は、自分のどんな行ないも、たとえそれが死ぬことであっても、院長に報告せねばならない。報告なき一切の行為は盗みとみなされる(38)」のである。修道士が院長に服従する目的は、服従それ自体であり、《意志をもった自分》の存在を放棄する自己犠牲なのである。要するに、修道士は服従という自己犠牲をとおして自己を構成するのである。

キリスト教の修道士は、常に思考を神の方に向けておかねばならない。そのため、絶えず自己検討が要求されるが、その自己検討は、隠れた潜在的な思考と不浄との関わりの検討である。つまり「修道士は、自分の考えだけでなく、自分の意識や意図のとるに足らない仔細な動きをも告白することによって、師に対してと同様、自己に対して解釈学的関係に置かれる[39]」ということだ。そして、告白は自己の心の潜在的部分まで解釈し、自分の真理を述べ、永遠の救済を得ることになり、そのかぎりで、告白は真理と結びつく。そこで、快楽と欲望は分断され、快楽は抑圧され、欲望は潜在意識の秘密の部分に押し込められ、禁欲的技法の背景になった。バーナウアーとマホンの言葉をかりるならば、キリスト教徒は「常に欲望をもつ主体として、自己吟味することが要求された[40]」ということであり、キリスト教における自己解釈は欲望を背景にしていた。自己解釈に基づく告白は、自己放棄を目指すことになるが、こうした告白と自己放棄を根拠にした自己のテクノロジーが、キリスト教のなかで編み上げられた、ということである。

四　抵抗する主体

フーコーは、古代ギリシア・ローマや初期のキリスト教に溯り、自己のテクノロジーの系譜を描こうとした。それは、近代の権力や支配に抵抗する主体の問題と、その延長線上にある倫理の問題を解き明かそうとしたためであり、きわめて現代的問題意識から出発していた。ただし、フーコーは古代ギリシア・ローマが理想的な社会であるとは、まったく考えていなかった。古典期の自己統御の技法を礼賛しているわけではなく、そうした技法に現代社会を生きているわたしたちへのヒントを見いだそうとしたのにほかならない。

まずは、フーコーの古典期についての論理的営みを総覧してみよう。古代ギリシアにおける節制を旨とした自己のテクノロジーは、社会のなかで自己を認知させ、他者への支配を保障するような実利的原理によって根拠づけられていた。そもそも自己のテクノロジーを権力のテクノロジーと区別することは至難の業である。快楽のため、欲望を節制することによって自己を管理し、自己を磨き、美的存在にまで高めていく技法は、たしかに自己のテクノロジーであるが、それが他者への支配として機能した場合、もはや権力のテクノロジーと言って差し支えない。ただ、フーコーは触れないが、こうしたテクノロジーが超越的な真理に結びつけられていないかぎりで、差異や多様性を許容する要素が含蓄されていたはずであり、現代の新しい倫理にヒントを与えてくれている。

次に、ヘレニズム期や古代ローマにおける自己のテクノロジーは、自然の摂理と、それにつながった理性にその基礎をおいていた。ここでは、普遍的な秩序によって支えられた原理があり、「理性―真理」に準拠した啓蒙思想家やカントの思想を彷彿としてしまう。じっさい、ドレイファスとラビノウは、カントとストア派の哲学が余りにも類似していることを指摘している[41]。たしかに、夫婦間での相互性の強化や、若者愛の排除は近代の人間主義のテーマと類似している。しかし、人間主義が「生―

権力」という巧妙な支配のテクノロジーと結びついていたのに対して、この時代の自然の摂理に準拠したテクノロジーは、心の平静を求めるものであり、人々の管理を旨とする権力のテクノロジーとは一線を画していた。

人は本来、普遍的かつ超越的なものによって、全体を一つの纏まったものとして説明したい存在である。しかし、ともすれば、こうした思想は真理と結びつき、真理という超越的中心にすべてが収斂するように全体を纏めあげてしまい、真理から逸脱するものを排除するシステムができてしまう。また、真理に支えられた立場は絶対に正しく、そのかぎりで、相手は絶対に間違っていることになる。ここに近代のイデオロギーの悲劇があった。

ストア派は「行為の規範を、振る舞いを決定する原理的法則を想い起こすために、自己に立ち戻る」という生き方を提唱する。つまり、「自己に立ち戻る」とは、徹底的に自己に準拠する態度であり、こうした態度を貫いてこそ、「行為の規範」という自己のテクノロジーが見えてくるのであり、またその目的はあくまでも魂の平安なのである。こうしたストア派の生き方は、自由に準拠したカントの自律と非常に似かよっている。そして、超越的なもので全体を説明したい人間の性《さが》と、目的を権力の領域に置かず、徹底的に自己に準拠するストア派の態度は矛盾するものではない。したがって、自己のテクノロジーが権力の領域にはみでることを自戒し、徹底的に自己に準拠するという自律にこだわることは、新しい倫理のヒントになるはずである。

最後にキリスト教の経験では、人の心の底に潜在している欲望を解釈し告白することにより、自己放棄が目指される。こうした自己解釈は、近代のフロイトの自己解釈にもつながるし、告白は司牧権力のテーマにもなっている。キリスト教は、告白によるアイデンティティーの放棄を目指すのに対して、フロイトや司牧権力は告白によるアイデンティティーの確立を目指した。キリスト教と近代の自己解釈に共通していることは、人間の心の深層に至るまでの解釈の要求と、それに基づく告白である。バーナウアーとマホンはこうした共通性を「伝統的なキリスト教の告白という慣習的行為が、科学的な言葉で再構築されたものである[43]」と述べている。

告白という技法は人間を全体（全人格）として取り扱い、部分（差異－欲望）として取り扱うことを拒絶する。そして、キリスト教は全人格の放棄を要請し、司牧権力は全人格をアイデンティティーにしばりつけることによって、それの管理を目指すのである。ここでは、時計仕掛けのように動く主体があるばかりだ。とにかく、キリスト教や「生－権力」の経験は、逆説的に、全体として統一された主体ではなく、差異や力関係に引き裂かれた、多様な主体を新しい倫理に求めている。こうした主体は信仰（真理）の戒律や、真理に基づく規範や法によって設定された境界を侵犯するエロス的な主体なのである。

フーコーは、キリスト教の主体は「禁欲なくして、真理に通じる道はありえない[44]」とし、ここでは禁欲と真理がセットにされていることを示唆した。デカルトは「明証性なくして、真理に通じる道はありえない」と考え、禁欲を明証性に置き換えた。ここにデカルトは「理性－真理」による明証性をもったコギト（主体）を考案するのである。しかし、こうしたコギトは、真理に支えられた形而上学に回収され、人間主義に加担していくのである。ともあれ、デカルトはコギトという知の主体を構成する過程で、禁欲を旨とした倫理的主体を放棄したのである。

ここでフーコーは、近代の倫理性の問題に答えようとしたカントに注目する。つまり、カントの提示した普遍的主体は「普遍的であるかぎり、認識の主体であるばかりか、倫理的態度を要請するのである」[45]。カントは、人間を経験的な認識の主体と、格率によって「倫理的態度を要請する」先験的理念に基づく主体を想定した。いわば、「先験的＝経験的二重体」としての主体が構想された。ここでは、経験的主体と先験的主体は分離されたままであり、倫理の問題に関しては、先験的主体が引き受けたのである。

そして、カントの倫理的態度は、自然や社会的規範である「快－不快」や「善－悪」のカテゴリーによって、外から規定されるものではなく、「自己が自己を規定」するという自己への関係によって規定されるものであった。要するに、カントにとって、先験的理念に基づく普遍的規則によって自己を普遍的主体に構成することが倫理的態度の内容であった。そして、普遍的規則による自己統御、すなわち自律が要請されることになる。だが、こうしたカントの普遍的規則を規定している先験的理念は、どこかで「理性－真理」を背景にしており、倫理的態度は「心意と道徳的法則の完全な一致」[46]である最高善を目指すことになり、真理が目指されている。つまり、カントは人は物自体は認識できないとして、真理を括弧にいれていたが、物自体を目指す存在であるという文脈によって、真理に拘泥していた。

ともあれフーコーは、カントが自己との関係を志向する倫理を提示したことを評価する。つまり、「カントは、自己が単に与えられたものではなく、自己に関係することによって、主体として構成されているとし、私たちの伝統に、さらに新しい道筋を導入した(47)」のである。ただフーコーは、「理性－真理」と括弧つきながらもつながっているカントの倫理を乗り超えようとする。カントの主体は、自律を目指して最高善にいたるまで「無限の進行」を続ける主体であるが、フーコーの主体は自己を侵犯する「欲望する主体」でもあった。じつは、フーコーの主体のなかでカント、バタイユ、ニーチェの主体が折り重なっている。

バーナウアーとマホンの次の言葉は、そのことを雄弁に語っている。

フーコーの倫理は、近代の知－権力－主体性への侵犯である自由の実現である。かれは（知－権力－主体性からの）脱出口として、カントの啓蒙の定義をとり入れた。その理由は、かれの著作における中心的関心が、それと一致していたからである。こうした関心は、わたしたちの政治、わたしたちの倫理、わたしたちの自己との関係を形づくる（知－権力－主体性に基づく）思想や行為の監獄からの脱出の必要性を説いている。かれの最後の著作は、カントを超えた侵犯的経験をとり入れることによって、わたしたちが伝統的に受け継いできた自己への関係から脱出する必要性を主張している(48)。

カントの倫理は、自律を旨とする内的な営みであり、精神のなかで、最高善を目指す態度であった。しかし、かれの啓蒙の定義では事情は異なる。カントはここで、成熟を主張するが、フーコーはこの成熟に、具体的歴史のなかで、つまり精神の外で、「知‐権力‐主体性」の体制からの脱出をはかり、この体制によって創られた自己を侵犯し、変革を志向する生き方をみいだしたのであった。このように自己を侵犯する主体は、バタイユの主体と重なってしまう。じつは、フーコーは初期には、主体を、サドの欲望、ニーチェの力、バタイユの侵犯などによって説明してきたが、後期はカントの自律へと移動したような印象を与えていた。しかし、ここにフーコーが初期にとり入れたバタイユの侵犯と、後期の自己への関係としての自律の問題が結びつくのである。ともあれ、カントの啓蒙の定義は、「カントを超えて」いたのである。

バタイユによると、人は、排泄、誕生、月経、性行為などの動物的行為を隠し、禁忌の対象にし、表にだすことを禁止したが、他方で、こうした禁止を侵犯することによって、欲望（エロチシズム）を感じてきた。つまり、禁止によって、動物と区別された自己（主体）を構成したが、このことは同時に、禁止を侵犯する「欲望する主体」を構成しているのである。要するに、禁止（法、規範）は、それを侵犯する欲望とセットで考えられているのである。これを延長すると、人は「知‐権力‐主体性」によって自己（主体）として構成されているが、それと同時に、こうした自己を侵犯する「欲望する主体」をも構成しているのである。つまり、エロスに根ざした主体である。

この「欲望する主体」は、法や共同体の規範やさまざまな権力のテクノロジーに準拠した主体ではなく、徹底して自己に準拠した主体になり、そのかぎりで、自律的なのである。フーコーは、自律した主体が、「知－権力－主体性」に抵抗し、自己を「欲望する主体」に変えるプラティックを自由と呼んだ。こうした「欲望する主体」は常に抵抗と変革を志向する主体である。すなわち、「フーコーにとって主体とは、わたしたちに提示された「知－権力－主体性」の関係に対する《闘争主義》であり、《永遠の挑発》なのである」[49]。当然のことだが、「欲望する主体」は絶対的目的をもたないので、その抵抗は一回限りではなく、無限の繰り返しになる。

ドゥルーズは、こうした無限の抵抗の繰り返しに立ち向かう主体、つまりフーコーの新しい倫理での主体を「超人」に重ねた[50]。ニーチェにとって、超人は生の目標であり、自己の内部で自己を克服する意志であり、そこでは生は肯定され、生は美と同化される。フーコーの「欲望する主体」は「自己を芸術作品としてつくる」ことを目標にした。それは科学的論理では描けない「実存の美学」であった。要するに、人間の心の深層に至るまで、科学的真理に結びつけ、合理的に解釈することに抵抗し、こうした解釈によって描かれた自己を侵犯し、抵抗と変革のなかに生きる態度に、フーコーはディオニソス的な美をみいだしたのである。ここには不断に美を求めるエロス的な主体がある。

フーコーは、現代は搾取や民族や宗教に対する闘争だけでなく、個人のアイデンティティーを問う闘争が激しくなってきたことを示唆している。それは、個人の生存の様式を問う闘争であるが、この闘争を分析する手立ては科学的手法しかなかった。フーコーは生存の様式を倫理の問題として考え、新しい生存様式の確立、すなわち倫理の確立を主張する。そして、こうした倫理の中心になるのがエロス的主体なのである。こうしたフーコーの態度に、わたしは近代文明の没落を嘆き、新しい倫理（価値観）の必要性を示唆したニーチェやハイデガーの態度を重ねてしまう。

（1）M. Foucault, *Histoire de La Sexualité 2. L'Usage des Plaisirs*, Gallimard, 1984, p.9.（田村俶訳『快楽の活用』新潮社、一九八六年、九頁）

（2）Ibid., p.10.（邦訳、一〇頁）

（3）Ibid., p.12.（邦訳、一三頁）

（4）J. W. Bernauer, Michel Foucault's ecstatic thinking, *The Final Foucault*, The MIT Press, 1988, p.50.（滝本往人訳「ミシェル・フーコーのエクスタシーの思考」『最後のフーコー』三交社、一九九〇年、二六頁）

（5）M. Foucault, Les Techniques de Soi, 1982, *Dits et écrits*（以下 *Dé* と略記）*IV*, Gallimard, 1994, p.785.（田村俶訳「自己のテクノロジー」『自己のテクノロジー』〈Selection 21〉岩波書店、一九九〇年、一九一－二一〇頁）

（6）Ibid., p.785.（邦訳、二一一頁）

（7）M. Foucault, *Histoire de La Sexualité 2. L'Usage des Plaisirs*, pp.16-17.（邦訳、一八頁）

（8）Ibid., p.16.（邦訳、一八頁）

（9）M. Foucault, À propos de la Généalogie de l'Éthique, 1983, *Dé IV*, p.386.（「倫理の系譜学について」『ミシェル・フーコー――構造主義と解釈学を超えて』山形頼洋ほか訳、筑摩書房、一九九六年、三一一頁）

（10）M. Foucault, Entretien avec M. Foucault, 1982, *Dé IV*, p.295.

(11) Ibid., p.295.

(12) M. Foucault, Les Techniques de Soi, *Dé IV*, p.784.（邦訳、一八頁）

(13) M. Foucault, *Histoire de La Sexualité 2. L'Usage des Plaisirs*, p.49.（邦訳、五三頁）

(14) Ibid., p.58.（邦訳、六二頁）

(15) Ibid., p.63.（邦訳、六七頁）

(16) Ibid., p.64.（邦訳、六八頁）

(17) Ibid., p.76.（邦訳、八一頁）

(18) Ibid., p.81.（邦訳、八六頁）

(19) Ibid., p.91.（邦訳、九六頁）

(20) Ibid., p.91.（邦訳、九六頁）

(21) M. Foucault, À propos de la Généalogie de l'Éthique, Dé *IV*, p.397.（邦訳、三三五頁）

(22) M. Foucault, *Histoire de La Sexualité 2. L'Usage des Plaisirs*, p.123.（邦訳、一三九－一四〇頁）

(23) Ibid., p.202.（邦訳、二二八頁）

(24) Ibid., p.224.（邦訳、二五七－二五八頁）

(25) Ibid., p.224.（邦訳、二五八頁）

(26) Ibid., p.251.（邦訳、二九一頁）

(27) Ibid., p.256.（邦訳、二九七頁）

(28) M. Foucault, *Histoire de La Sexualité 3. Le Souci de Soi*, p.49.（田村俶訳『自己への配慮』新潮社、一九八七年、四七頁）

（29） Ibid., p.62.（邦訳、六五頁）

（30） Ibid., p.85.（邦訳、九〇頁）

（31） Ibid., pp.178–179.（邦訳、一九九頁）

（32） Ibid., pp.178–179.（邦訳、一九九頁）

（33） Ibid., p.242.（邦訳、二七四頁）

（34） Ibid., p.272.（邦訳、三一一頁）

（35） M. Foucault, Les Techniques de Soi, *Dé IV*, p.788.（邦訳、二五頁）

（36） Ibid., p.795.（邦訳、三八頁）

（37） Ibid., p.805.（邦訳、五一－五二頁）

（38） Ibid., p.809.（邦訳、五八頁）

（39） Ibid., p.811.（邦訳、六二頁）

（40） J. W. Bernauer and M. Mahon, The Ethic of Michel Foucault, *The Cambridge Companion to Foucault*, ed. by Gary Gutting, Cambridge University Press, 1994, p.145.

（41） 「ストア派が、最終的に到達した方策は完全に異なるにもかかわらず、カントに似た問題に対峙していた。」（H. L. Dreyfus and P. Rabinow, *Michel Foucault : Beyond Structuralism and Hermeneutics*, second edition, The University of Chicago Press, 1983, p.260. 山形頼洋ほか訳『ミシェル・フーコー――構造主義と解釈学を超えて』筑摩書房、一九九六年、三五三頁）

（42） M. Foucault, op.cit., p.791.（邦訳、三〇頁）

（43） J. W. Bernauer and M. Mahon, op.cit., p.150.

（44）M. Foucault, À propos de la Généalogie de l'Éthique, *Dé IV*, p.411.（邦訳、三四一頁）
（45）Ibid., p.411.（邦訳、三四二頁）
（46）カント『実践理性批判』波多野精一ほか訳、岩波文庫、一九七九年、二四六頁。
（47）M. Foucault, op.cit., p.411.（邦訳、三四二頁）
（48）J. W. Bernauer and M. Mahon, op.cit., p.152.
（49）Ibid., p.154.
（50）G. Deleuze, *Foucault*, Éditions de Minuit, 1986, pp.138-141.（宇野邦一訳『フーコー』河出書房新社、一九八七年、二〇八－二一二頁参照）

あとがき

「この書物の出生地はボルヘスのあるテクストのなかにある」という文章ではじまる『言葉と物』は、のっけから悪魔的な魅力にみちていた。ボルヘスが「シナの百科事典」から引用した、あの異様な分類は、西欧の意味の地層を揺るがした。中国の古典では西欧と異なった分類が「真理」としてあるのだから。フーコーはボルヘスを引用することにより、近代西欧の知がなんら根拠をもっていないこと、また、こうした知が権力と関連していることをあきらかにした。これはマルクスとは違った意味で、革命であり、壮大な知の解体劇として、わたしの目には映った。

一九七〇年代後半から八〇年代にかけて、レーニン流のマルクス主義は急速にその求心力を失っていった。同時期、わが国に、いわゆる構造主義と呼ばれる思想的潮流が入ってきた。そのなかには心理学のJ・ラカン、文化人類学のレヴィ＝ストロース、記号論のR・バルト、思想史のアルチュセールやフーコーがいた。かれらの標的は「理性－真理」を根拠とする科学やイデオロギーであり、レーニン流のマルクス主義もここに含まれていた。

この時代、少々マルクスに拘泥していたわたしが注目したのは、アルチュセールであった。アルチユセールは、マルクスを「理性－真理」というイデオロギーのドグマから解き放とうとした人物であった。かれは「歴史は主体も目的もない過程である」とし、「人間」という主体を根拠にした絶対的な自由も存在しなければ、完全に解放された社会であるユートピア（目的）も存在しないと論じた。そこには、搾取、抑圧、階級などの言葉でしか描けない、ドグマティックな図式ではなく、複雑で多様な現代の社会に対応する、より柔軟な理論がひらかれているように、わたしには思われた。

こうしたアルチュセールの理論を、実際の政治社会の分析にとり入れた人々は、多数いたが、その代表格はプーランツァスであった。八〇年代、マルクス主義をより柔軟な理論に組み換えようとする試みがなされ、国家論のルネサンスとよばれる潮流を生みだしていた。その中心にプーランツァスもいた。かれはアルチュセール流のマルクス主義理論を土台にして、そのうえにフーコーの理論を接合した。それは基本的な枠組みとなる「最終審級」の次元にマルクス主義を、微細な小状況が折り重なる「重層的決定」の次元にフーコーの理論を導入したが、こうした接合は理論的一貫性を欠いているような印象を、わたしに与えた。ともあれS・ホールは、フーコー理論を魅力と危険のいっぱい詰まった「パンドラの箱」にたとえたことがある。中心から排除された対象（病、狂気、性倒錯、犯罪など）を選ぶ異様さ、系譜学という傍流の方法、ニーチェ、バタイユ、サド、アルトーなどおおよそアウトロー的な人々へのシンパシー、豊富な資料と奇抜なアイデア、壮大な構想力は誰をも魅了した。プーランツァスもこの「パンドラの箱」をあけてしまった一人であった。そして、プーランツァスをつうじてフーコーを読むようになっていたわたしも……。

フーコーの理論は、単に現実を分析するだけにとどまるのか、抵抗の根拠をしめす批判理論となるのか、この点に関して欧米では多くの研究者が論じた。C・テイラー、N・フレイザー、R・ローティー、W・コノリー、D・C・ホイなど、その数は数え切れない。かれらがフーコーの理論を否定しようが、肯定しようが、そこにはフーコーの存在感がひかっている。わが国でも、一時のブームは終わったかのような印象をうけるが、フーコーが一回きりの思想家でないことは、誰もが承知していることだろう。現に、最近では政治学や法哲学などの分野で、フーコーを論じる識者が目につく。本書もフーコーをめぐる論議に一石を投じることができれば、と考えている。

本書は、最近の五年間にわたって書きためた論文を、加筆・修正をして、まとめたものである。またフーコーに関して、最も初期の段階からとり扱っているわけではなく、考古学という方法論が確立される『狂気の歴史』や『言葉と物』あたりからはじめている。それは、フーコーの思想の成熟期に焦点をあてたかったからである。最後に、本書の出版を快諾していただき、何かと筆の遅いわたしを励まし続けてくださったナカニシヤ出版の津久井輝夫氏に、心より厚く御礼申し上げたい。

サ　行

マ・ヤ行

ラ・ワ行

事項索引

ア　行

人名索引

ア　行

カ　行

サ　行

タ　行

ナ　行

ハ　行

■著者略歴
柳内　隆（やなぎうち・たかし）
1950年　大阪に生まれる
関西学院大学法学部卒業
関西学院大学大学院法学研究科博士課程修了
現　在　近畿大学法学部教授（専攻/政治思想史）
著訳書　『アルチュセールを読む』〔共著〕（情況出版，2000年），『アルチュセールの「イデオロギー」論』〔共著〕（三交社，1993年），N・プーランツァス『国家・権力・社会主義』〔共訳〕（ユニテ，1984年），他。

フーコーの思想

2001年10月25日　初版第1刷発行　（定価はカバーに表示してあります）
2005年9月26日　初版第2刷発行

著　者　柳内　隆
発行者　中西健夫

発行所　株式会社　ナカニシヤ出版
〒606-8161　京都市左京区一乗寺木ノ本町15
電　話　(075) 723-0111
FAX　(075) 723-0095
http : //www.nakanishiya.co.jp/

印刷・製本／亜細亜印刷
＊乱丁本・落丁本はお取り替え致します。
ISBN4-88848-658-1　Printed in Japan